KB131302

03
본격
한중일
세계사

본격 한중일 세계사

03 일본 개항

초판 1쇄 발행 2018년 10월 19일 초판 8쇄 발행 2023년 10월 18일

지은이 굽시니스트 펴낸이 이승현

출판2 본부장 박태근
지적인 독자 팀장 송두나

펴낸곳 (주)위즈덤하우스 출판등록 2000년 5월 23일 제13-1071호
주소 서울특별시 마포구 양화로 19 합정오피스빌딩 17층
전화 02) 2179-5600 홈페이지 www.wisdomhouse.co.kr

ISBN 979-11-6220-904-2 04900
979-11-6220-324-8 (세트)

본격 한중일 세계사

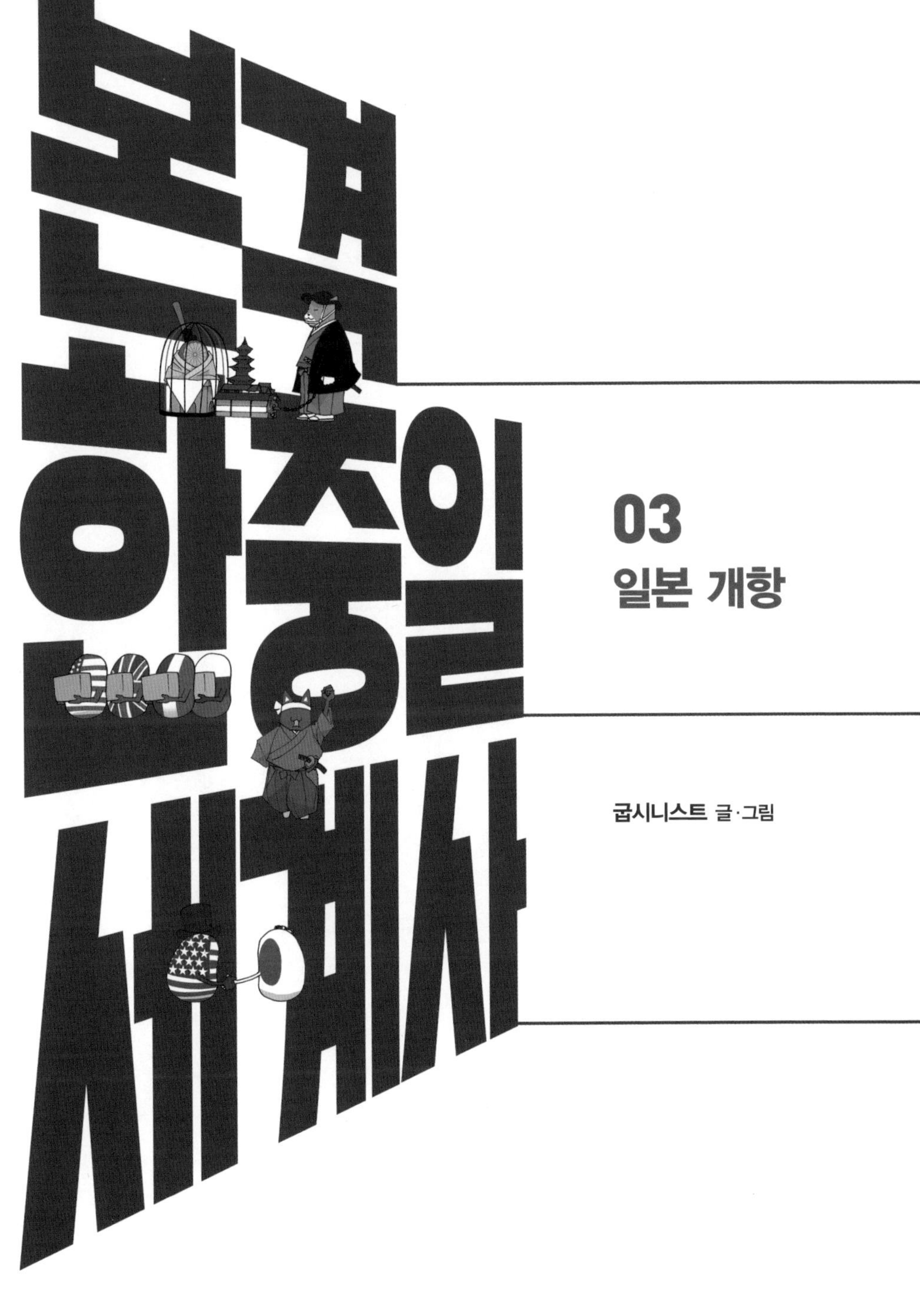

03
일본 개항

굽시니스트 글·그림

위즈덤하우스

머리말

이미 책을 구입하셨으니 인지하고 계시겠지만, 이번 3권은 1, 2권에 비해 가격이 1,000원 더 붙어 있습니다. 책이 이제 3권에 이르렀으니, 1, 2권을 구매한 독자들은 3권의 가격이 올라도 결국 사볼 것이다!-라는 얄팍한 상술인 걸까요?!

아아, 상제님의 이름을 걸고 맹세컨대 추호라도 그런 삿된 야욕을 품었다면 그 죄받음으로 집안 3대가 사랑니 종합 선물세트를 안게 될 것입니다. 진실로 고하건대, 이 3권의 가격이 1,000원 더 오른 것은 이 3권이 2권에 비해 약 100페이지 넘게 분량이 늘어났기 때문입니다! (이 또한 책을 이미 손에 들고 계실 테니, 무게감으로 인지하고 계시겠지요)

일본 개항사의 초기 국면을 다루는 이 책에 사쿠라다 문 밖의 변이라는 클라이맥스까지 담아야만 책 한 권이 내용상 깔끔하게 맞아떨어지리라는 강박의 결과입니다. 그리하지 않고 대충 안세이 대옥 정도에서 3권을 끊고, 3, 4화 분량을 다음 권으로 넘겼다면, 이는 화장실에서 큰일을 석연치 않게 끊은 것처럼 꽁기꽁기한 잔변감을 남겼을 것입니다.

그리 100여 페이지가 늘어났지만, 가격은 1,000원 밖에 올리지 않았기 때문에, 책의 제작비용은 대폭 늘어난 반면 이윤은 대폭 줄어 바닥을 파게 됩니다. 하지만 대국적인 안목으로 멀리 볼 필요가 있겠지요. 이렇게 늘어난

페이지 덕분에 독자 분들이 보시기에 좀더 읽을 만한 책이 될 수 있다면, 100페이지가 아니라 1,000페이지라도 아낄 일이 아니지요. 장기적으로는 이 타이틀의 평판에 도움이 되리라는 희망도 품어봅니다(그리고 이 시리즈가 계속된다면 앞으로 나올 열 몇 권의 책들은, 각 권 5, 6페이지 정도씩 줄여서 내놓는다는 졸렬한 계획도 책상 위에 올라와 있습니다).

뭔가 구차하고 질척질척한 이야기를 머리말로 길게 써놓았습니다만- 아무튼 중요한 것은, 이 책이 벌써 3권에 이르렀다는 것입니다. 19세기 동양 근대사에 대한 독자 여러분의 따뜻한 관심과 애정이 아니었다면 어찌 이 3권 세상에 나올 수 있었겠습니까.

19세기 동양 근대사에 대한 다수 독자 분들의 시선이 따뜻한 관심과 애정이라는 부분은 논란의 여지가 있을 수 있겠습니다. 사실 19세기 동양 근대사에 대해 독자들이 느끼는 감정은 안타까움과 발암이 다수라는 설도 있습니다. 옆집과 홍망을 비교하노라면 그냥 이 부분은 스킵하고 싶어질 때도 있습니다. 하지만 이 19세기 동양 근대사에서 일본의 개국과 근대화 파트에 눈길을 주지 않고 지나가기 힘들다는 것도 사실입니다. 우리 국사에 끼친 영향을 생각해볼 때, 더더욱 관심이 갈 수밖에 없는 이야기입니다.

대체 저 초밥맨들이 어떻게 절대반지를 손에 넣었는가! 저 화산섬이 정녕 무 대륙의 남겨진 조각이었단 말인가! –사실 이 주제에 대해, 아마 세계에서 일본 다음으로 우리나라에서 가장 많은 책이 나오고 토론이 이뤄졌을 겁니다. 물론 이 만화 시리즈도 향후 그 주제에 대해 깜냥껏 다루면서 그 뒤를 따를 예정입니다.

하지만 그 이야기를 좀더 잘하기 위해 그 시대와 공간의 윤곽을 구체적으로 딸 필요가 있습니다. 이를 위해 역사에 대한 여러 관점들 중에서도 주로 정치사적 관점으로 이야기를 진행해보려 합니다. 이러니저러니해도 결국 정치가 세상 굴러가는 모습을 설명하는 가장 크고 구체적인 프레임이 아닐까 싶습니다.

자아를 국가와 사회 영역으로 확장시키고자 하는 욕망들, 세상에 마땅히 이러이러한 정의가 바로 서야 한다는 믿음, 공동체의 운명에 대한 위기감 등등– 큼지막한 감정들이 역사를 크게 움직이는 지점이 있습니다. 그리고 그러한 의지들은 정치로 수렴됩니다. 역사 교과서를 비롯한 많은 역사책이 대개 당대의 정치 이야기를 역사 이야기의 첫 레이어로 삼고 있지요. 권력과 파벌 싸움이라는 정치 이야기는 사실 많은 사람들이 공적·사적 영역에서 접하는 일상생활이며 즐거운 화젯거리잖습니까? 그런고로 19세기 중후반 일본 대격변을 더듬어보고 싶어 하는 만화가가, 일단 당대의 정치 이야기부터 짚어 나가는 것에 대해 독자 여러분들께서도 널리 공감을 가져주실 수 있으리라 희망합니다.

독자 제위 모두 각자의 정치 이야기 속에서 승리하시기를 기원드립니다.

2018년 10월

굽시니스트

차례

제 1 장

양놈들 사정

시간을 살짝 앞으로 돌려 1854년,
태평천국이 점령한 난징-천경으로
서양인들이 찾아옵니다.

태평천국의 정체에 대해
서양인들이 관심을
아니 가질 수 없죠.

저놈들이 청나라를 대체하게 되나?
기독교라던데?
프레스터 존?!

무능·부패·권위주의에 찌든
청나라 전제정에 경멸을
금치 못하던 서양인들은

어으, 미개 쩌네;;
노예제 굴리는 놈이
할 소리는
아니지만서도….

태평천국의 기독교 혁명이라는 간판에 솔깃.

※ 초기에는 마르크스도 태평천국을 빨아줌.

적폐청산!
불신지옥!
농민혁명!
사유재산 폐지
좋아요!
호오.
기독교는 문명사회의
자격증이죠!

So, 1854년, 상하이에 있던
영국인·프랑스인·미국인이 차례로 난징을 방문.

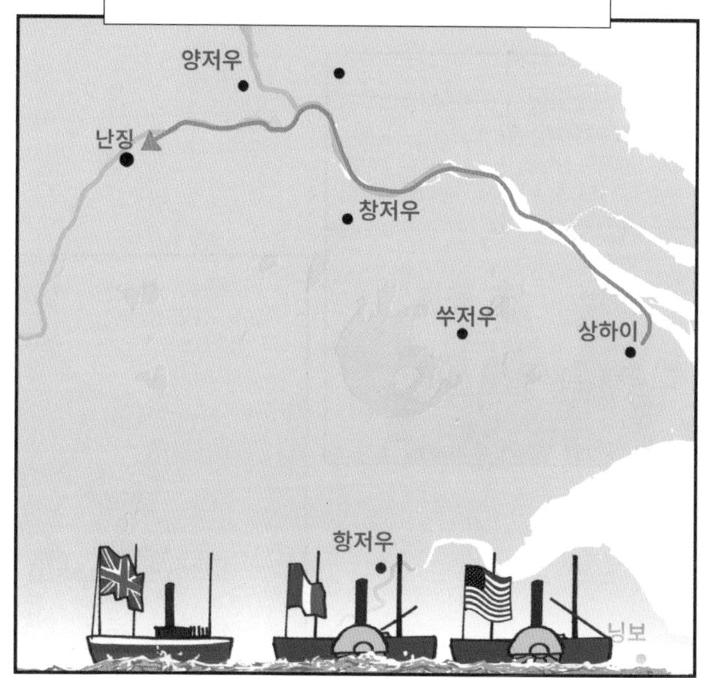
양저우
난징
창저우
쑤저우
상하이
항저우
닝보

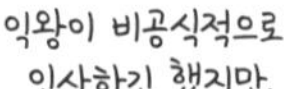
익왕이 비공식적으로
인사하긴 했지만.

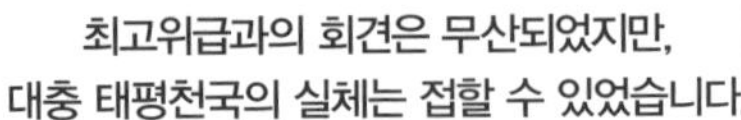
최고위급과의 회견은 무산되었지만,
대충 태평천국의 실체는 접할 수 있었습니다.

양형제(서양 형제) 님들께
상제 하나님의 축복을.
샬롬, 임마누엘.
어이쿠, 아멘,
할렐루야~

양형제 님들은
각기 상제 하나님을
어떻게 모시는지요?
God Save the Queen!
우리 여왕 폐하께서
국교회를 이끌며 신앙을
수호하고 계시죠.
프랑스는 예로부터
교회의 맏딸,
가톨릭의 방패죠!
….

…이신론理神論에 대해
들어본 적 있으십니까.
이성과 합리의
신앙이라고—
프리메이슨이다!

…원, 보아하니 양형제 님들에게는 이 최신 버전 성경책이 필요하겠군요.
잉?

상제 하나님께서 동왕의 몸에 천부하범하시어 내리신 말씀을 상제 하나님의 둘째 아드님이신 천왕께서 정리해 신구약 내용을 업데이트한 최신 패치 《태평천국 성경》입니다!

이제 서양에서도 이 최신 버전 성경으로 다 교체하고, 말씀 따라 성실히 살면 나중에 천왕께서 서양 양형제들을 다스리고 천국으로 이끌 왕들을 서양에 보내드릴 겁니다.

미친 사이비 이단이구나….

So, 서양인들은 태평천국에 실망한 채 돌아가고
외교 교섭 실패.

But, 이 성경은 재밌는데?

※ 마르크스도 나중에는 태평천국 깜.

사이비 광신도 폭동 미개 쩌네!!

1850년대 전반기, 서양 세력은
중국의 내전에 딱히 개입하지 않았던 것.

그냥 양쪽에 무기나 팔면서 중립충 할랍니다.
元
元

미국은 일본 개항 퀘스트에 집중 중이고,

문명 개화의 좋은 말씀 전하러 왔습니다.
너무 좋은 말씀이라 문을 부셔서라도 전해드려야겠네요.
으어;;

영국과 프랑스는 유럽의 빅이벤트에 집중 중이었으니,

으어;;

1853년,
크림전쟁 발발!
CRIMEAN WAR

전쟁의 배경

프랑스가 가톨릭을 대표해
오스만 제국에 팔레스타인 기독교 성지의
보호권을 요구해 관철시킨다.

제국 내 가톨릭 교도들도
나님이 챙겨주는 걸로.

ㅇㅇ

하지만 러시아가 그리스정교회를 대표해
오스만 제국에 한 동일한 요구는 거절당함.

아니, △#B!#!
내 요구는 왜 씹냐?!

발칸 반도 정교회 지역들에
영향력 확대하려는 속셈
모를 것 같으냐?! 껒

나님의 정중한 제안을
그리 씹어버리다니!
발칸 반도로 군대 보냄. ㅅㄱ.

–라는 건 표면적인 이유고,

원래 러시아는 18세기 이래 꾸준히 흑해 방면에서
꾸물꾸물 남진 정책을 펴며 튀르크와 충돌해왔다.

저 푸른 초원 위에~♬
그림 같은 요새 짓고~
♪
남진이라
남진인가!!

이는 러시아 국토의 지정학적 특성상
바다로 나가는 출구를 찾기 위한 몸부림.

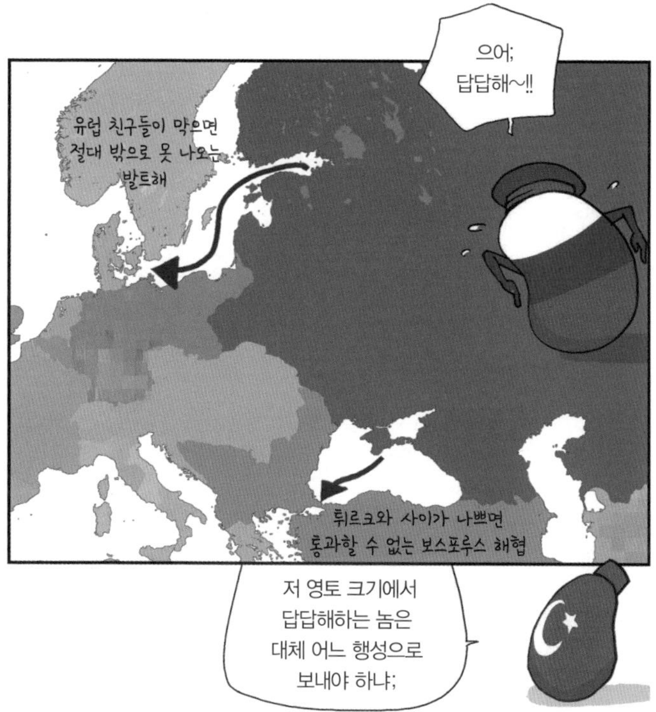

으어;
답답해~!!
유럽 친구들이 막으면
절대 밖으로 못 나오는
발트해
튀르크와 사이가 나쁘면
통과할 수 없는 보스포루스 해협
저 영토 크기에서
답답해하는 놈은
대체 어느 행성으로
보내야 하냐;

여기에 러시아 제국이 동로마 제국의 계승자라는
제3의 로마 뽕까지 더해져서—

콘스탄티노플 수복!!
정교회 로마 제국 재건!!
—라는 건 나님을
멸망시키겠단
소리잖아?!
ROME

18세기 이래 러시아-튀르크전쟁은 거의 차르
바뀔 때마다 치르는 정기전 비슷하게 계속된 것.

으따, 슬슬 또 한 따까리 할 때 아니 되었는가? 이번이 한 열 번째 전쟁인가?
전쟁 치를 때마다 러시아는 점점 강해지고 튀르크는 점점 약해지고;;;

이렇게 러시아는 평범한 일상 느낌으로,
당연하다는 듯이 튀르크와 전쟁 돌입.

이 무렵, 프랑스에서는 황제 나폴레옹 3세가 이리저리 머리를 굴리고 있었으니,
1848년, 대통령 당선. 1851년, 쿠데타와 국민투표로 황제 즉위.
으음;; 국내 정치에서는 삼촌 이름 덕을 봤지만, 대외 정치 면에서는 험성 타이틀이구먼;;

Charles Louis **Napoléon** Bonaparte

나폴레옹전쟁이 끝난 지 37년이 지났지만, 유럽의 안보 협의 체제는 여전히 프랑스를 견제하던 낡은 구도의 틀을 새로운 패러다임으로 교체하지 못한 상황.
여러분의 좋은 친구! 유럽 평화의 수호자 프랑스입니다!
나폴레옹 조카를 황제로 앉히고 저런 소리를 하니 설득력이 어이 털리지 않나요.
나뽀농

SO,
동네 새로운 불량배에게 어그로를 넘겨야 한다….
새로운 나쁜 놈 역할은 저 무시무시한 덩치의 정치 후진국 러시아가 맡아줘야죠!
아이고~! 우리 동네 진짜 위험한 불량배는 저놈이오! 저놈!!
잉?

또한 그리 러시아를 따돌리고 응징하는 전쟁을 통해 군사적 영광을 쟁취!
국민들에게 프랑스 제국과 황제 나폴레옹의 이름값을 제대로 보여준다는 정치적 개이득!
비브 럼뻬르!!

이를 위해 영국에 친목질을 시전.

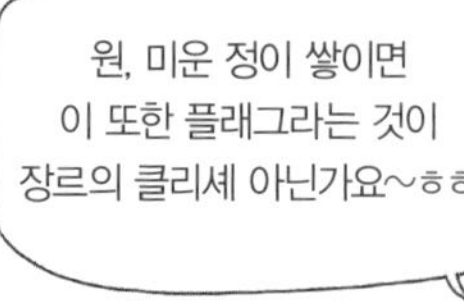
원, 미운 정이 쌓이면
이 또한 플래그라는 것이
장르의 클리셰 아닌가요~ㅎㅎ

헑; 미친 보나파르트 충이
갑자기 뭔 친한 척이여;

보소, 저거 러시아 꾸역꾸역
밀고 내려오다 오스만 제국 작살나면
동지중해 몽땅 러시아 게 되는데,
너님 불안하지 않음?
어;; 음;;;;
그 뭐시냐, 영국이랑 러시아랑 유라시아를 놓고
'그뤠잇 게임Great Game'인지 뭔지 한다문서.

당시 영국 정부는 평화주의자 애버딘 백작이
이끄는 보수-휘그 연립정권.

-라고 하는데
어쩔까요;;
사실 그레이트 게임은 게임일 뿐,
진짜 전쟁까지 가는 건
좀 아니지 않나 싶은데요….
총리
애버딘 백작
보수당
외무부장관
러셀 백작
휘그당
내무부장관
파머스턴 자작
휘그당
재무부장관
글래드스턴
親필 파

뭔 소리여!!
당연히 러시아
박살을 내야죠!!
오스만 무너지면
그거 감당 어쩔?!
동지중해가 러시아
앞바다가 된다!!
러시아가 수에즈에
운하를 팔 거다!!
러시아를
박살 내지 않으면
동방이 무너지고!
인도가 위험하다!!

휘그당과 언론은 전쟁 불사론을 강력히 주장.

애버딘 백작의 소극적인 태도에 항의하던
러셀 백작이 외무부장관직을
던지기까지 했으니-
전쟁 결심도 못 하는 총리랑
일 같이 못 하겠소!!
철퍽
사직서
우리 집안은 대대로
러시아를 혐오할 거다!

※ 철학자 버트런드 러셀의 할아버지.

결국 영국은 프랑스와 함께
몰다비아·왈라키아에서의 철수를 요구하는
최후통첩을 러시아에 보내고,

안 꺼지면
아조씨들한테
혼난다?

짭폴레옹이랑
섬나라 놈들이
러시아를
개무시해?!

분노한 차르 니콜라이 1세는 이를 묵살.

오스트리아의
중재 노력도 헛되이-

님들아, 그 해협을
통과하지 마오;;

1854년 3월, 영국·프랑스,
러시아에 선전포고.
크림전쟁의 본격적인 확전!

지원군
사르데냐!

일단 러시아의 심장부, 상트페테르부르크를
들이치면 러시아를 굴복시킬 수 있겠지만,

상트페테르부르크
드루와, 드루와.

수십만 병력이 웅크린 세계 최대·최강 요새 지대에
병력을 상륙시킨다는 건 말이 안 되는 소리고.

그냥 함대가 항구 봉쇄하고
함포 사격만 하고 옴.

러시아 군이 진입해 들어온 몰다비아·왈라키아를 주 전장으로 삼는다면, 코앞의 오스트리아가 경기를 일으키며 죽는시늉할 거고.

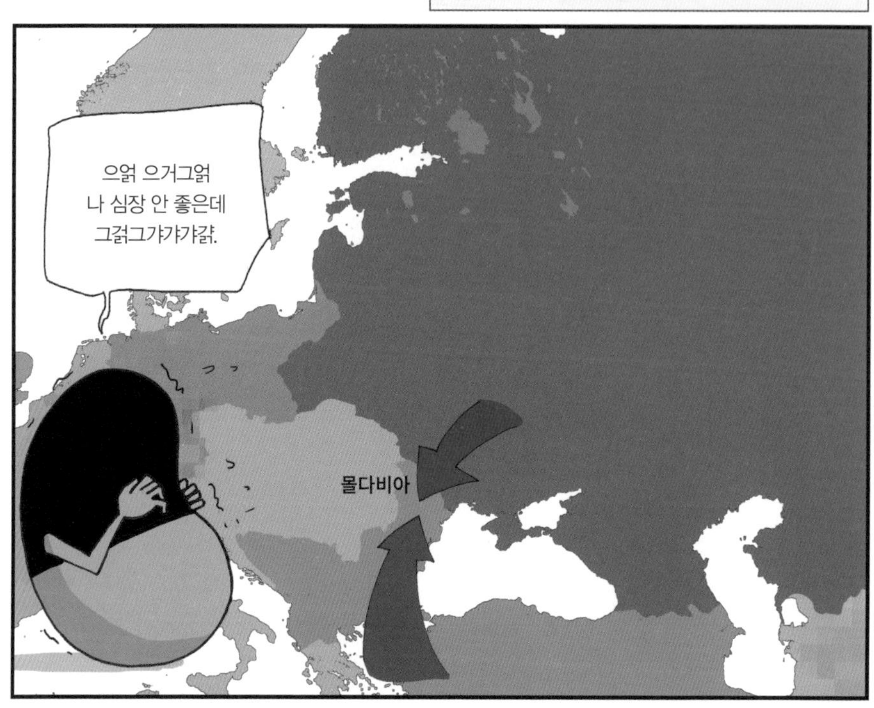
으얽 으거그얽
나 심장 안 좋은데
그걹그갸갸갸갺.
몰다비아

러시아 군 특유의 광대한 공간 이용 수비전에 휘말려, 내륙 깊숙이 끝도 없이 들어갈 위험성도.

대륙은
정말 넓구나;;
음, 뭔가 데자뷔
느낌이 나는데;;
샤샤샥

SO, 러시아의 흑해 방면 남진 파워의 뿌리인
크림반도-세바스토폴을 때려 부수기로 결정.

러시아 흑해 전략의
본진을 밀어버리면
GG칠 수밖에 없겠지.

몰다비아

왈라키아

크림반도

세바스토폴

이스탄불

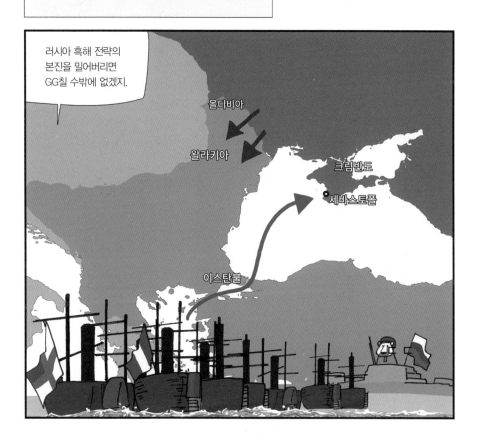

1854년 9월, 연합군이 크림반도에 상륙.
양측의 수십만 대군, 격전 돌입!

이 크림이 녹기 전에
크림반도를 따내리다!
아오, 결국
크림 드립을
싸질러버리네;;

1년의 세바스토폴 공방전 동안 무능한 지휘관들에 의해
수많은 병력이 무의미하게 갈려나가고,

어택땅 ㄱㄱ!!
뿌작 뿌작

전사자보다 훨씬 많은 병력이 질병으로 죽어나가며
나이팅게일이 활약하기도 하고,

환자는
죽지 않아요!

카디건을 만들어 입기도 하고,
발라클라바를 만들어
쓰기도 하고.

태평양의 러시아 선박과
기지를 공격하러 나선
영국함대가 일본의 개항
어젠다에
큰 영향을 끼치기도 함.

이보시오, 나무꾼!
여기로 도망친
곰새끼 한 마리
못 봤소?!
아노…;;

1855년 2월, 전쟁 피해에 대한 책임 여론 격화.
애버딘 백작, 총리 사임. 글래드스턴, 재무상 사임.

아오; 그래서 전쟁하지
말잿잖아;;
참혹한 전선의 현실!!
누구를 위한
희생인가?!

양심 있으면 저 양반도
같이 사임하겠죠?

뒤를 이어 파머스턴 자작, 총리 취임.
그갸갸갸갸갸갸갸갸갸갸갸갸갸.
파이널리!!!!
으으;;

1855년 3월,
차르 니콜라이 1세
~~화병~~ 폐렴으로 사망.

크아아아웕!!!
나라 꼬락서니 △#B#!!!!!!!!!!!!!
영국 프랑스 개#△!b$#!!!!

1855년 9월, 세바스토폴 요새가 1년여 만에 함락되며
사실상 전쟁의 승패가 결정되고,

1856년 3월, 오스트리아의 중재로 전쟁 종결.

자자, 러시아는 먹은 땅
뱉어내고, 흑해에서
군사행동하지 말고.

말이 중재지, 사실은
반 협박. △#B#

이 전쟁으로 오스만 제국의
2부 리그 강등이 공식 확인되었고,

외세의 도움 없이는
러시아한테 바로 멸망행이여;;

러시아 또한 미숙한 산업 역량과
낙후된 국가 시스템이 까발려져
지도층에 큰 경각심을 안겨줬다.

개혁이 필요하다!!
저넨 강력한 개혁이!!

알렉산드르 2세

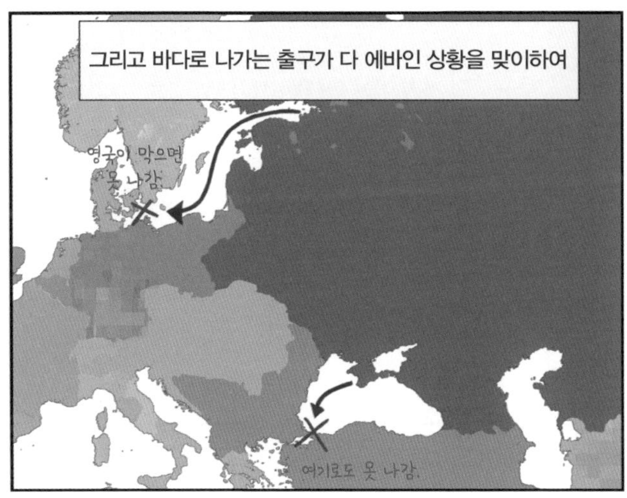
그리고 바다로 나가는 출구가 다 에바인 상황을 맞이하여
영국이 막으면 못 나감.
여기로도 못 나감.

엄청 멀긴 하지만
이제 진짜
아시아뿐이야!
러시아는 동쪽 출구로
눈을 돌린다.
으어?

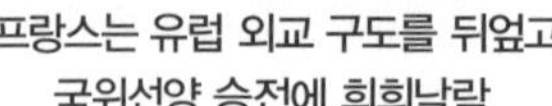
프랑스는 유럽 외교 구도를 뒤엎고
국위선양 승전에 희희낙락.

프랑스 제국이! 나폴레옹 황제가! 유럽 신체제를 캐리한다!!
그게 13만 명의 목숨을 바칠 만한 일이었나?

4만 명 가까이 잃은 영국은
유럽에서의 전쟁에 학을 뗀다.

저 황제놀이 독재국가와의 차이점

아오, 진짜 유럽 놈들하곤 되도록 엮이지 말아야겠다;;

그래, 별 득 볼 건도 없는 유럽은 치워두고 다음 판은 로우 리스크 하이 리턴으로!
하면 다음 번 판은 어디서 벌이시련지요.

어디긴 어디겠냐!!?!!!
중국이지!!!!
갸갸갸갸갸갸갸갸갸갸갸갸갸갸갸갸갸갸갸

중국을 개항시켰지만
여전히 아편 무역 외에는 흥하지 않고
우리 산업에 도움이 되지 않아.

더 강력한 시장 개방이 필요하다!

뭔가 쌔한데;;

To. 홍콩 총독

중국 놈들 꼬투리 하나 잡아서 판 크게 벌일 건수로 키워보시오!
아, 옙! 꼬투리는 차고 넘치죠!
홍콩 총독
존 보우링
John Bowring
까투리는 꿩 암컷이고요.
어떤 애로사항을 꼬투리로 잡아볼까나요~
애로사항은 애로 애로해서 애로한 애로사항~
Error 사항?
애로사항의 애로隘路는 좁고 험한 길이란 뜻이다!
양광총독
엽명침
葉名琛

1856년 10월, 홍콩 선적 밀수선 애로호가 광저우에 입항.
에로Ero가 아니라 애로Arrow입니다!
ARROW

제 2 장

애로애로사항

ㄷㄷㄷ
TELEGRAM

아편전쟁 이후에도 영국의 불만은 계속 쌓였습니다.

아편 빼고는 딱히 팔리는 게 없다고!
공산품이 안 팔리면 영국 산업에 득 되는 게 없잖아.
이게 다 중국이 시장 개방을 제대로 다 안 해서임!

영어에는 적반하장이라는
표현이 없나?;;

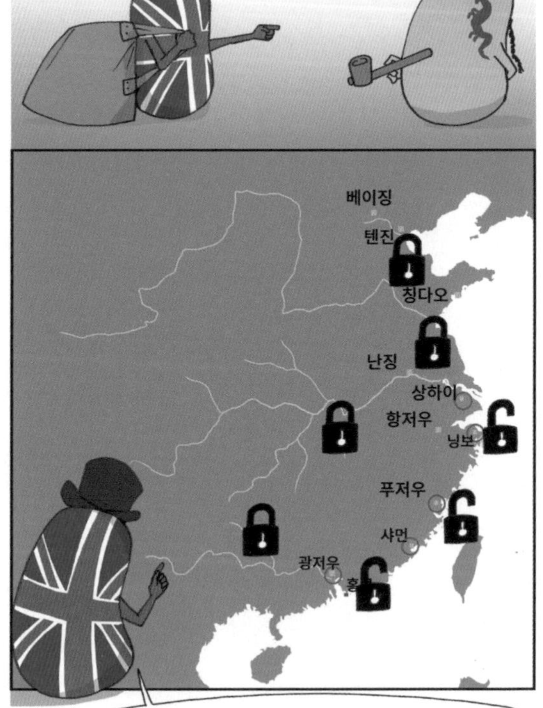
베이징
텐진
칭다오
난징
상하이
항저우
닝보
푸저우
샤먼
광저우
홍

그러니까 다섯 개 항구 외에 다른 항구들
–특히 수도권 항구들– 좀 열어주시고!
내륙으로 들어가 장사할 수 있도록 내륙 수로! 황하·장강!
다 개방해주시오! 시장 해금!

싫어요.
안 돼요.

아, 진짜, 쫌, #@%!
그리고 이런 외교 통상 문제를
중국 중앙 정부와 직접 원샷으로
논의할 수 있도록
베이징에 공사관 좀 개설합시다!

너님들 조정에 '외무부'도 좀 만들고!

어우, 베이징 들어오시면
미세먼지로 개고생할 텐데,
걍 오지 마세요.

아, 또, 그리고,
왜 이렇게 백성들의 외국인 혐오가 심해?!!
막 불 지르고! 죽이고! 악플 쩔고!

남의 나라 침략하고 경제 분탕 쳐놓고도,
미움받지 않으리라는 디폴트 마인드가
으메이징하구먼!!

양키
GO HOME !!

이거 다 중국 높으신 분들이
뒤에서 부추기고 조종하는 게지?!

이 선진 문명 영국 신사를
사람들이 싫어할 리가 있나!!

…유감스럽게도 작가가
입을 그려놓지 않아서
토할 수가 없군요.

SO,

아편전쟁 이후 14년 시간이 흐르는 동안
상호 간 불만·혐오의 텐션은 계속 고조되고.

아무래도 한 번 더
밟아줘야 서열정리가
제대로 되지 싶은데요.

날강도 침략자 놈의
뻔뻔함이, 명불허전
해적 종자로군요.

양국의 그런 갈등과는 무관하게 남중국해에서는
국적을 초월한 무법자들의 범죄연대가
만개하고 있었습니다.
인종과 국경을 뛰어넘는
글로벌 해적 로망!
이 세상을 다 준다는 매혹적인 얘기♬
내게 꿈을 심어주었어♬

역사와 전통을 자랑하던 남중국해의
거대 해적함대는 영국이 이 바다의
새 주인이 되면서 박멸되었지만,

그래도 쟤들이
중국 수군보다는
센 듯.

대영 항쟁
애국 해적!

남중국해의 무법자들은
작은 섬들의 그늘과 항구의 뒷골목으로 스며들어
해적의 이름을 이어갔습니다.
강도 · 밀수 · 납치 · 협박 ·
마약 · 도박판 · 불법복제 etc
수호지 영웅들도
원래 직업은 수적이라고요!

마약 밀매하는
영웅 따위 필요 없어!
저 해적 놈들 검거가 광동수사
(광동성 수군 사령부)의
주요 업무죠.
WANTED
150元
WANTED
100元
광동수사 천총 양국정

1856년 10월, 황푸항
마카오에서 들어온 정보에 따르면 저 애로Arrow호 배에 해적 놈들이 타고 있다는데.
ARRoW

해적 색출을 위해 선원들을 연행하겠으니 협조 바랍니다.
ㄴㄴ! 중국 관헌은 그럴 권한 없음! 이 배는 영국 법의 보호를 받는 선박임!
ARROW

중국에서 중국인 배의 중국인 선원을 중국 관헌이 데려가겠다는데 뭔 태클이오?!
선주는 중국인이지만 선박 등록은 홍콩에 되어 있으니 영국 배라고요!!
선장 로버트 케네디
뭔 상관. 다 끌고 가!

그리하여
중국인 선원
열두 명이 연행되고.

으어;;
해적이면 팔다리 자르고
모가지 소금에 절여 전시함.

그 과정에서 영국 깃발을
끄집어 내렸다고도 하고,

영국의 보호를
상징하는 깃발인데!
침략의
상징이겠지!

그런 일 없었다고도 하고.

재네 처음부터
깃발 걸고 있지도
않았거든?
으어;
깃발 찾아라!
빨리 걸어!!

아무튼 케네디 선장은
광저우 영국 공사관을
찾아갑니다.

이런 일 해결하라고 공사관이 있는 거겠죠? 민원 ㄱㄱ!

광저우 영국 공사(진)
해리 파크스(28세)
Harry Smith Parkes
朴海理
…중국 놈들에게 변을 당했으니 좀 해결주십쇼;;
호오!

파크스는 그대로 광저우 총독 아문에 난입.
이것이 바로 상부에서 지시한 꼬투리가 되겠구나!
광저우 총독 아문
막 들어가시면 안 되는데;;

좋은 말로 할 때 애로호 선원들 다 풀어주시죠?
거, 영국 깃발을 팽개쳤다던데!
베이징으로 쳐들어가서
느그 황제 어진도 팽개쳐줄까요?!
허;;

너무 건방지게 깽판을 치다가
청나라 관헌에게 따귀를 맞기도.

아니, 뭐 이런
양아치가 공사랍시고,
어디서 패악질이야!
으읽!!
쳤어?
쳤어?!
어허; 테킷이지
테킷이지;;
짝

따귀는 미안하고, 선원 열 명은 풀어줌.
두 명은 진짜 해적이라 못 풀어줌.
우리 빽이
영국이었나?
그 두 명도 석방하시오!
영국 국기 모독 사과하고!
-이거 아니면 타협 불가!
미친;;

파크스는 그렇게 판을 키워
홍콩의 보우링 총독에게 가져갑니다.

총독 각하, 제가 꼬투리를
좀 만들어봤습니다요-
젊은이의 패기 넘치는
후안무치 우기기는 못 따라가겠구먼!!!

보우링은 엽명침에게
최후 통첩.

사과! 재발 방지! 선원 석방!
수락 안 하면 대포 쏜다!
쏴, 쏴~

엽명침이 이를 묵살하자,
보우링은 함선 세 척과 병력 수백 명을
광저우로 진공시킵니다.

광저우
황푸
재네 태평천국인지 뭐시긴지
때문에 대응할 여력 없을 것!
홍콩 병력만으로 충분히 바른다!
이 병력으로
뭐가 될까나;;
마카오
홍콩

아오, 영국 놈들 생떼 궁
또 쿨타임 찼구만;
얼른 짐 싸자;;

광저우
황푸
영국군은 함포 사격과 함께
주강의 포대들을 점령.
마카오
홍콩
꽝

백기 올라올 때까지
10분당 한 발씩
쏴드리겠음.
꽈광

쿠쾅
반격할 방법이 없습니다요!
병력이고 장비고
장발적(태평천국) 진압한다고
윗동네로 다 쓸어가버려서;;
걍 한번 고개 숙이는 편이;;
…일단 버틴다.
어차피 홍콩 병력 수백 명으로
광저우 점령은 무리일 테니까.

아니, 점령이 문제가 아니라
지금 총독 아문까지 포탄 슝슝 꽂혀서
끔살당할 판에 뭐 믿고 존버함?!
조정에서 지원은 고사하고 괜히
꼬투리 잡혔다고 징계나 내릴 텐데요;
우리가 믿을 것은-

민중의 힘이다!!
예?!
와아아

과연 사태가 지속되면서 백성들의 배외 감정이 폭발!

영국 놈들이 해적 빼가려고
우리 마을에 포탄 쏴 갈긴다!!
영귀 놈들
죽여라!!
으힑;

천하 난세 썩은 세상.
억눌린 채 부글부글 끓어오르는
백성들의 불만.

그것이 폭발하면 태평천국처럼
체제를 뒤흔드는 대란이 되지만,

그 불만의 기운이 적절하게
외부의 위협을 향한다면

내외의 화근을 동시에 해결하는
묘책이 될 수 있음이라.

양귀 침략자 놈들!
너무한 거 아니냐?!
영국인 목 하나당
은 열 냥!
으얽.

SO-

12월, 광저우 민중의 반영 봉기로
황푸항과 13행가가 불타오르고
외국인들은 모조리 홍콩으로 도주.

영국 놈들
다 죽여라!!
I'm not English!
영국인 아닌데
왜 영어 씀?
아, 그게 좀
long story인데;

1857년 1월 초, 군·민 2만여 명을 동원한 중국 측 반격으로
영국 함선들은 좌초 위기를 겪으며 주강 탈출.

으얽;
우리도 이제 대포 좀
쏠 줄 안다해.

광저우
황푸
지상병력도 홍콩으로
모두 철수.
테크 차이가
머릿수 차이에
압살당한다!
마카오
홍콩

본토의 항쟁 분위기에,
홍콩 내 중국인들의 동향도 심상치 않았으니-

동포여!
일어나라!!
으어;
뒤질 뻔했네;
마카오
홍콩
…

영국인들이 이용하던 빵집
밀가루 푸대에 누군가 손을 대서–
...
FLOUR

1857년 1월, 홍콩 독 밀가루 사건 발생!

크웕!!
빵에 비소가!!
200여 명
비소 중독!
ARSENIC
뭐, 독에 독이 좀더
들어간들 딱히···.

보우링 총독 부부도 독 밀가루를 피하지 못한다.
보우링 부인은 비소 중독으로 다음 해 사망.
크엃;
어그로는 남편이 끌고
죽는 건 내가 죽냐?!

※ 총독은 안 죽음.

광동에서의 사태 전개에 베이징에서는 강경론이 힘을 얻습니다.

영국 놈들이 도망가서
빵 먹고 피 토하고 있다고?! ㅋㅋ

백성들 애국심 감동이야!
아바마마는 영국에 졌지만
나님은 이길 수 있을지도?!
이게 다 (나님의)
한족 친화 정책
덕분이죠!
숙순

공친왕
아니, 영국군 본대 오면
개발릴 거란 생각은 안 듦?

요 1년,
영국 놈들을 몰아낼 충의의 기세가 충만하고,
장발적 놈들은 내분으로 자멸 조짐을 보이고,
짐은 황통을 이을 아들을 얻었으니,
열조께서 굽어 살피사, 황자에게 물려줄 나라에
중흥의 시운이 따르는구료.

폐하께서 일궈주실,
외적도 역적도 권신도
걱정할 일 없는 태평천하가
만만세를 이어가리이다.
음?
'권신'?
의귀비(22세)
懿貴妃

MEANWHILE 런던에서는—

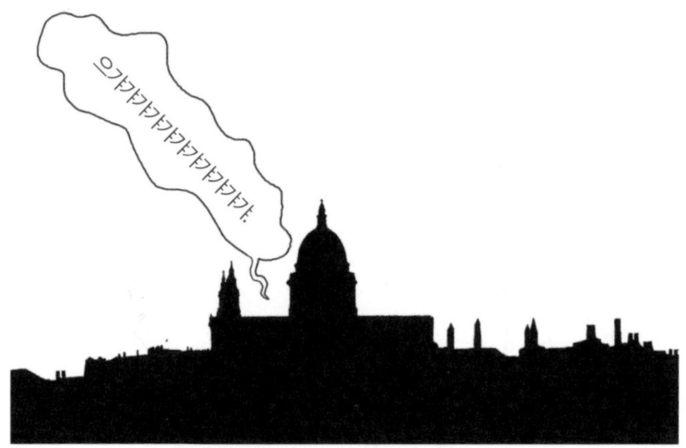

으갸갸갸갸갸갸갸갸갸갸갸갸.

전쟁이다!!!!!
거러췌!!!

총리 파머스턴 자작

외무부장관 러셀 백작

아, 진짜, 개소리 좀 거릅시다!!!
글래드스턴
지난 아편전쟁 개전 사유도
양아치 짓거리였는데,
이번 애로호 사건은
더 얼척 없는
자해공갈이죠!!

1857년 3월, 전쟁에 대한 의회 투표가 진행되고

애로호를
기억해라!
나로호나
기억해라!

휘그당 정권의 전쟁안 부결!

영국 의회에 정의는 살아 있었습니다!
저 들에 푸르른~♪ 솔잎을 보라~♬
…

의회 해산! 총선 실시!
땡땡
WHAT?!?!

그리하여 1857년 4월, 총선 실시.

국기 모독 응징 없이 대영 제국 존엄 없다!
선택! 1857!
BBC NEWS
Manchester甲
Johnstone 35%
Harrop 47%

선거 결과—

하원 654석 가운데
377석을 휘그당이 차지하는 압승!

유권자 제군의 뜻!
전쟁으로
받들겠노라!
HOUSE OF COMMONS
불합리한
투표제도
개혁이 필요해!!!

이제 의회의 지지를 등에 업고!!!
중국으로 ㄱㄱ!!
병력 5천이면 충분히 줘팸 가능!!

으어어어어얽엉엉;;
각흐아아아;;;;
지금 중국이 문제가
아닌 것 같습니다;;;;;;
잉?
인도에서 대반란이 터졌습니다!!
Tommy
Go Home!!
1857년 5월, 세포이항쟁 발발.

제 3 장

기름진 침략

19세기 중엽, 동인도회사의 인도 지배는
여기저기 있는 직할령들과 수많은 토후국을
덕지덕지 기워 붙인 패치워크 느낌으로
굴러갔습니다.

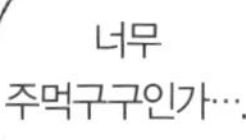
너무
주먹구구인가….

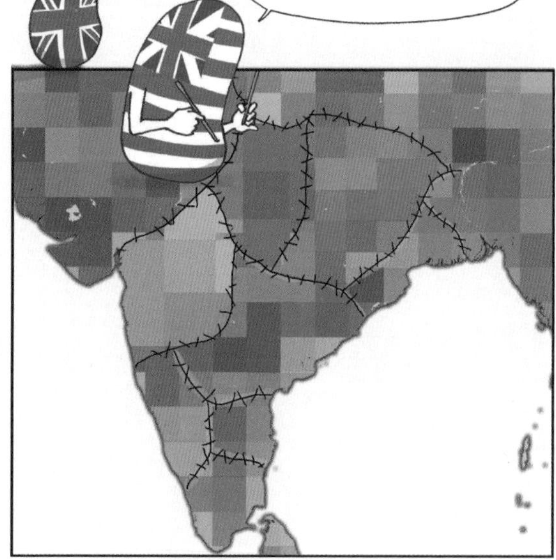
동양 교역 독점도 폐지되고
이제는 회사의 존재 목적이 '이익'을
내는 것이 아니라 영국 정부의 인도 통치
하청 용역 느낌이죠….

이 거대한 인도 지배를 위해
전개한 병력은 30만 이상.
병력의 대부분은 인도 현지 용병 세포이였습니다.

그중 가장 규모가 큰 벵골군의 세포이들이
이런저런 고민과 갈등에 봉착한 1857년.

세포이 토지세 혜택도
없어진다고 하고…

진급 차별도
참 거시기하고.

연봉은 안 오르고;
연금은 깎이고;;

기독교 문화 좀
들이밀지 않았으면
좋겠고…

영국 놈들 인성질에
빈정 상하고…

그 모든 고민을 잊게 해줄
최신형 강선 머스킷을
보급해드립니다!
음?

1853년형 엔필드 강선 머스킷!

Enfield Pattern 1853 rifle-musket

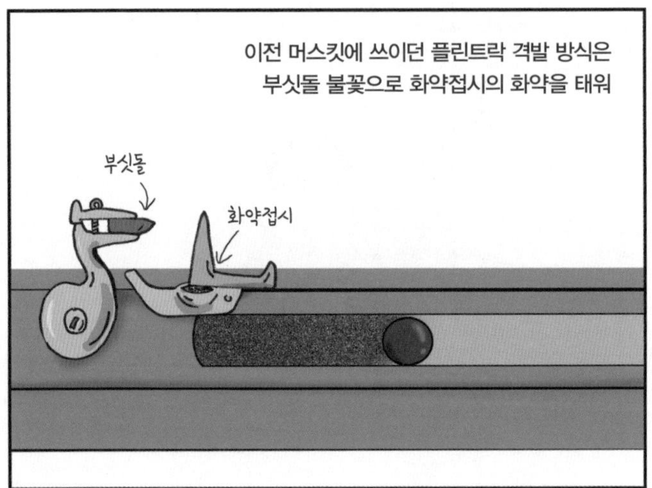
이전 머스킷에 쓰이던 플린트락 격발 방식은
부싯돌 불꽃으로 화약접시의 화약을 태워
부싯돌
화약접시

약실의 화약을 폭발시켜 발사하는 방식.
팍
펑

화약접시에 화약을 담는 것도 귀찮고,
부싯돌로 불을 붙이니 불발도 빈발.

비 오면 젖어서
발사가 안 되고;;

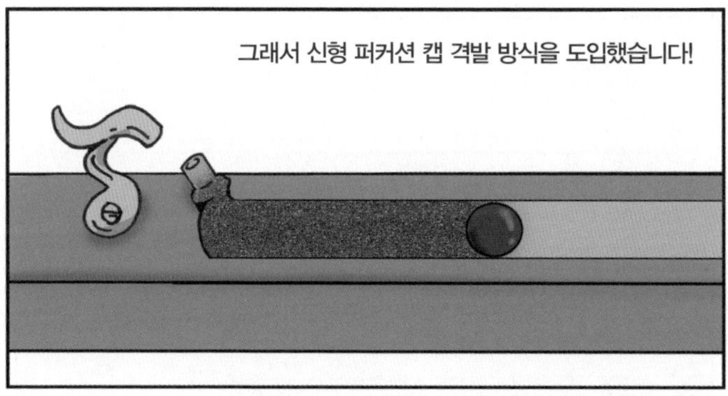
그래서 신형 퍼커션 캡 격발 방식을 도입했습니다!

퍼커션 캡은 충격에 잘 폭발하는 뇌홍을 눌러 담은 캡입니다.

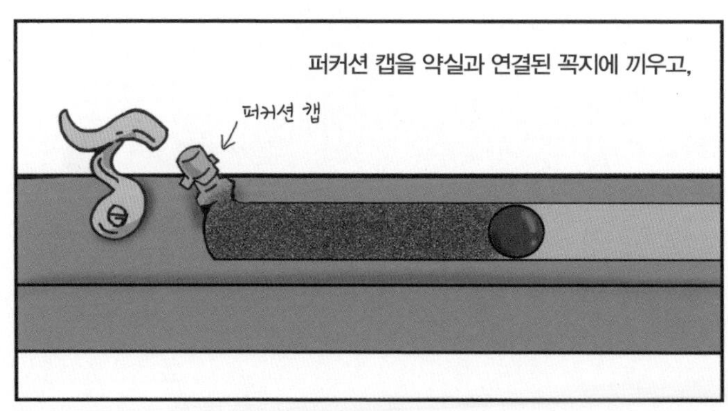
퍼커션 캡을 약실과 연결된 꼭지에 끼우고,
퍼커션 캡

공이로 때려주면 격발! 발사!
이렇게 간단하고 간편할 수가!
우천시에도 사격 가능!

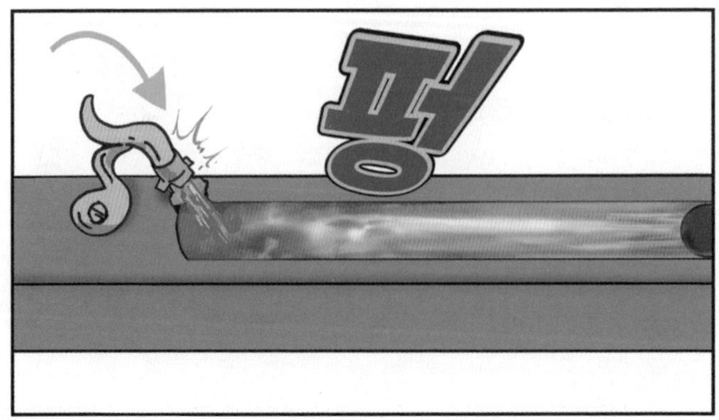
펑

사실 이보다 더 중요한 건, 이 신형 머스킷의 총강입니다!

그냥 머스킷의 경우에는 총강이 미끈하죠.

이 경우, 총알이 근성 없이 날아가며
기류와 기타 요인 등에 의해
운동 방향이 틀어집니다.

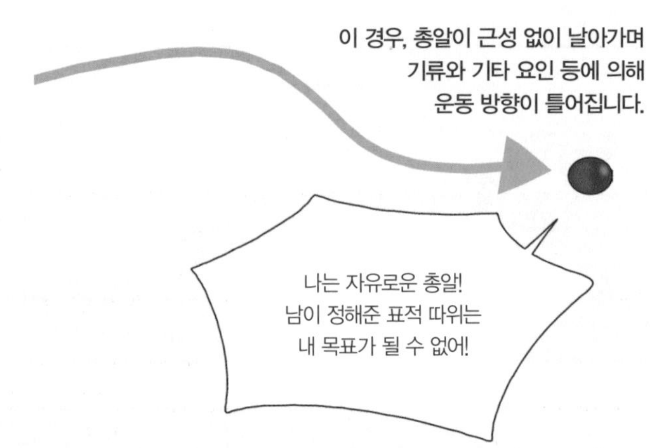
나는 자유로운 총알!
남이 정해준 표적 따위는
내 목표가 될 수 없어!

하지만 총구 안에 판
나선형 레일(강선)을 따라 총알이
회전하며 전진한다면 어떨까요?

뜌슝
으어어어어어어어.

쿠슈앙
이것이
나선력!!!

나선 회전 운동으로 날아가는 총알은
기류나 기타 등등의 요인을 다 씹으며
정확하게 목표를 향합니다.

이리 만들어진 강선 머스킷의
유효 사거리와 명중률은
기존 머스킷의 두세 배!
$#B 에임핵 신고.
ㅅㄱ

다만 그냥 머스킷의 미끈한 총구에
장전할 때는 총알이
쉽게 쏙 들어가는 데 반해,

강선 머스킷 총구에는 강선에 총알이
꽉 물려야 하기 때문에 헝겊 같은 걸로 싸서
빡빡하게 꾸깃꾸깃 우겨 넣어야

꽂을대를 망치로 때려서
총알을 쑤셔 박죠!

강선 머스킷의
이 장전 문제를
해결하기 위해―

음, 납은 원래 좀
물렁한 금속이니까….

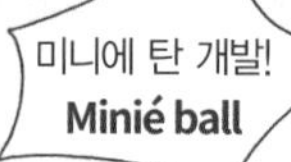
미니에 탄 개발!
Minié ball

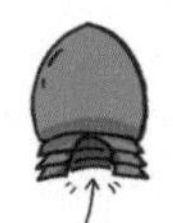

뒤쪽이 오목하게 파여 있다.

요래 생긴
미니에 탄.

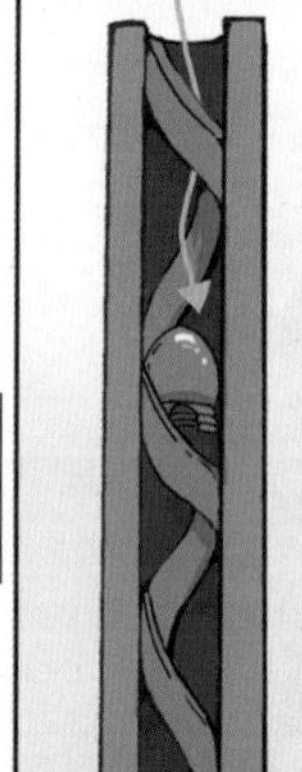

장전할 때는 일단 강선에
물리지 않고 쏙 들어갔다가,

격발시 폭발 압력으로
뒷부분이 부풀어 오르면서
강선에 물린다는
아이디어 제품!

부풂

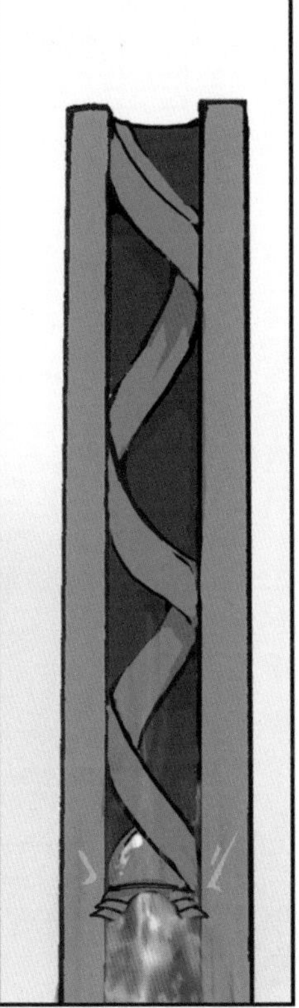

이런 신기술들을 집약한 최첨단 하이테크놀로지 총기!
1853년 엔필드 강선 머스킷!!

Enfield Pattern 1853 rifle-musket

아, 그리고 총알과 한 발 분량의 화약을 기름종이로
함께 포장한 탄포–카트리지로 더욱 즐거운 사격!

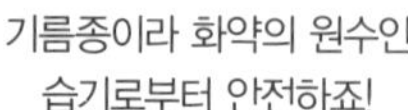
기름종이라 화약의 원수인
습기로부터 안전하죠!

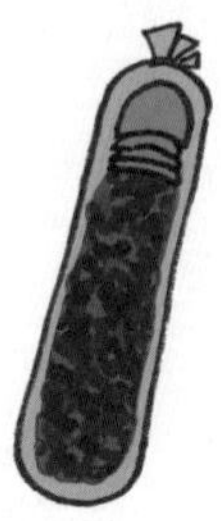

화약통 기울여서
화약 한 발 분량을
눈대중으로
조심조심 넣을
필요 없이,

※ 종이 카트리지 자체는
이미 몇백 년 전부터
쓰이던 것입니다만.

탄포 한 개를 뜯어서
싹 다 털어 넣으면 됩니다!

장전시, 탄포를 이로 뜯어서,

화약을 총구에
탈탈 털어 넣습니다.

그리고 총알은, 탄포 종이로
감싸 꾸깃꾸깃 잘 뭉쳐줍니다.

이러면 탄이 강선에 더 잘 물릴 뿐 아니라,
탄을 감싼 기름종이의 기름으로
코팅돼서 강선 마모를 줄여주는 효과가 있죠.

총기 수입 효과 개꿀!

과연 훌륭한 총에 훌륭한 탄포에
훌륭한… 맛?
음… 탄포를 입으로 찢을 때
느껴지는 이 맛은 ?

아, 그 탄포 기름종이에 쓰인 기름이 소기름·돼지기름이니 당연히 맛있겠죠!
뜨끈한 쌀밥에 비비면 한 공기 뚝딱!
우웩!!

입에만 대도 우웩이라니, 혐오가 좀 지나친 게 아닌가요.
힌두교인이 소고기를 입에 대면 카스트를 잃고
무슬림이 돼지고기 먹으면 천국행 탈락이라고요!

에이, 그러면 탄포 입으로 뜯고 바로 침 뱉으면 세이프겠네! 자, 얼른 물어봐요!
참고로 이거 안 쓰겠다고 버틴 놈은 명령 불복종으로 사형시킴.
아니, 저기; 동네 사람들 보는 눈도 있고; 좀;;
츄라이 츄라이
빠악
아 $#B#@! 종교·문화 무시 작작 좀 쳐합시다!!

1857년 4월, 소·돼지 기름 탄포 사건으로 벵골군 세포이봉기!

기왕 이렇게 된 거,
기름종이 따위 문제가 아니라
인도 독립 만세다!!
후장식 소총이 좀 빨리
보급됐으면 이런 문제
안 생겼잖아!!

델리
5월, 세포이봉기군이 델리에 입성.
명목상으로만 왕통을 유지 중이던
무굴 제국 황제 바하두르 샤 2세를 옹립.
캘커타
봄베이
벵골군은 거의 힌두교도들이던데
어째서 무슬림 황제를?
마드라스

바하두르 샤 2세는 무슬림이지만
대단히 힌두교 친화적인 인망 높은 노인!
무슬림-힌두 인도 통합의 지도자로
가장 적합한 정통 황제!
믿고 따를 만하죠!
각지의 토후·Raja 들도 속속 세포이항쟁에 가담.
반영 항쟁은 순식간에 인도 북부 전체로 퍼집니다.
이 봉기 소식은 전신을 타고 인도 각지로 신속히 전파.
으어어어;;
ㅈ-ㄷ-ㄷ-

이 급보를 실은 배가 이집트까지 오면, 이집트에서
오스만 제국을 거쳐 런던까지 전신선을 통해 소식이 닿습니다.

쿠웨이트-이스탄불 간
전신선은 6년 후에 개통.

영어는 한 글자당
추가 요금 10파라입니다.

이거 빨리 런던에
송신 좀!!

아, 급해 보이니까
20파라.

하지만 이러고도 항쟁 발발
40일 후에나 런던에 소식이 닿은지라,
이후 영국은 이란·아프가니스탄 영내
전신 부설을 위해 노력합니다.

중국 침공 개시와 함께
인도 반란 타이밍 무엇?!
난이도 설정 오류 났나?!

결국 중국으로 갈 예정이었던
5천 정예 병력을 인도로 급파.
후… 중국으로
가야 꿀인데….

항쟁 발생한 지 두 달 후, 1857년 7월 무렵부터는 영국군의
본격적인 반격이 개시되어 도처에서 격전이 벌어집니다.

야이! 그 기름종이 탄포
이제 와서는 잘만 쓰는구먼?!
그 기름종이 탄포는
침략 저항의식 폭발을 위한
기폭제였을 뿐이라는 거
이해 못 하시겠지!

쌍방에 피의 보복을 부르는
학살들도 이어지고.

저 섀퀴들이
우리 민간인들 고문하고
능욕하고 다 죽였댄다!!

9월 초,
영국군은 항쟁의 중심지인 델리까지
그럭저럭 밀고 올라올 수 있었습니다.

델리
항쟁 영역
뭄바이
어? 우리가 지는 건가?
인도의 무지막지한 인구수와
광대한 국토에도 불구하고?!

아니,
애초에 全인도가 항쟁에 참여하기는커녕
절반 이상이 영국 쪽에 붙었으니까.

가장 규모가 큰 벵골군
세포이를 중심으로
항쟁이 일어났지만,

일어나라! 바라트!!!

델리
벵골
캘커타
봄베이
마드라스
굳이?
기름종이에 목숨 걸기 실화냐;

봄베이군과 마드라스군의 항쟁 동참 세력은
소수에 그쳐, 전체 세포이의 절반 이상이
항쟁에 참여하지 않은 것.

지방 토후들 또한
다수가 영국에 붙거나 중립 유지.

우리 집안은 영국과 손잡은 지 이미 100년이라….
힌두교 신자로서 이슬람 황제를 섬기고 싶지 않네요.
무슬림으로서, 힌두교 세포이들과 함께하고 싶지 않네요.
아니, 그러니까 종교 장벽 없는 정교분리 통합 인도를 만들자고;;

SO,

영국은 영국군 외에도 인도인, 기타 이민족 들로
군을 편성해 항쟁 진압에 나설 수 있었던 것.

인도인들은 영국을 싫어하지만
자기들끼리는 더 싫어해.

결국 1857년 9월 중순,
델리 함락.
델리…
滿洲…

바하두르 샤 2세는 체포되어
미얀마로 압송.
통합 인도의 꿈은
영원히 물거품되나….

하여, 1857년 말 무렵이면 대충 큰불은 잡히고
각지의 잔적 소탕 단계로 접어듭니다.
(완전한 종결은 1858년 7월)

반년 확 타오르고
뭉개지는구나….
휴;;;;;

급한 불은 껐으니,
원래 중국 가기로 했던 병력은
예정대로 중국으로 보냅니다요~!

중국行
부럽다;;

거, 사람
기다리게 만들지 말고
빨리빨리 좀 움직입시다.

아, 미안 미안.
인도 불 끄고 오느라;;

어? 프랑스도
함께 가나?
프랑스도 중국에서
자국 선교사가 살해된 데 대해
군사보복에 나서기로 했거든요.

1856년, 프랑스 선교사
샵글렌 신부가
광서성에서 체포당하고
옥사·효수.

아, 허가 지역 외에는
들어오지 말라고요, 좀.

선교사 살해 사죄·배상하고
내륙 선교 허용 & 안전 보장하라!

아오, 기독교가 싸지른
태평천국이라는 똥 때문에
중국이 입은 피해는
누가 보상해주냐?

세계 가톨릭의 수호자
황제 나폴레옹 3세
그렇게 나오신다면!
정의의 응징을 가하고
뭘 좀 뜯어먹는 방향으로
갈 수밖에 없죠!

마침 영국도 중국
응징 간다니까, 꽁승행 버스
살짝 탑승해봅니다.
아잉~ 우리 크림전쟁
팀플 쩔었찡?~!
억, 또 왜
친한 척이야 ㅋㅋ
TO CHINA

크어~ 유럽 최고 일진 투탑의
크림전쟁에 이은 문명 수호
십자군 듀오!
위엄 지리는구먼!
…뭐 프랑스와
함께하는 게 이득인
부분이 있긴 하지.
ANGLO-FRENCH

개전 명분이 워낙 개똥 같은 전쟁이다보니,
함께하는 동맹국은 이 전쟁의 가오를 살릴
유용한 실드가 되어준다.
명분 없는 전쟁,
국제적인 비웃음거리!
아니, 국제적으로
프랑스도 함께
참전한다니까
괜찮을지도.
No WAR

국제연대의 가오를 더욱 높이기 위해
다른 나라들도 불러봤습니다.

러시아 씨~!
중국 털이 버스 합승
ㄱㄱ!
TO CHINA
하?
바로 작년까지 나님 다구리 줘팸 하던
놈들이 넉살 한번 참 소름 끼치게 좋네요!?
침략질은 니들끼리 실컷 하세요.
사이코패쓰레기 놈들아!!
으따; 많이
삐졌는갑네.
거, 좀 같이 놀면서
풀어줄라 했더니만;
그럼 재 말고~

우리 젊은 피! 미국!
아조씨들이랑 같이
중국 패러 가자!
아,
No Thanks~

광저우
황푸항
사실 광저우 사태가 한창이던
1856년 11월, 미국 동인도함대는
교민 보호를 위해 광저우 근역까지
진입했고,
홍콩

청군과의 교전으로
쌍방 수십 명의 사상자를 냈습니다.
영국 놈들
꺼져라!!
우리 영국인
아닌데?
잉?

이후, 美 동인도함대와
광저우 측은
서로 원한이 크지 않으니
싸우지 않기로 협정을 맺었죠.
자, 이것만 기억하세요.
나쁜 양놈=영국인.
착한 양놈=미국인.
이상한 양놈=프랑스인.
ㅇㅋ

그런 고로, 유럽 제국주의자들의
침략전쟁 양아치 놀음에 함께하기는
좀 그렇네요.
…네, 다음 노예제 국가.

근데, 전쟁에는 참전 안 해도
중국에 대한 외교 통상 교섭에 대해서는
우리도 Need가 있는지라-
통상 확대해주세요~
연해주 주세요~
^*#ㄹ 까세요~

외교교섭단을 파견하는
외교연대 같이하면 좋겠어요.
숟가락만
얹겠다고?!
저런
외교연대라도
있는 편이 낫다.

1857년 11월, 영불연합군 5,700명이 홍콩에 집결.

광저우
황푸항
마카오
홍콩
영국군이 5,000,
프랑스군이 700?
크림전쟁 때는 우리가 30만,
너네가 10만이었잖아.

MEANWHILE

광저우의 양광총독 엽명침은 1857년 1월에 적을 몰아낸 후,
11월까지 열 달 동안 별다른 방책 없이 허송세월합니다.

1月
영국 놈들을 몰아냈다!
중화의 승리! 완스이!!
나님은 구국의 영웅行!!

2月
교역이 막혀서 초콜릿이
들어올 수 없으니까
올해 발렌타인데이는
취소합니다.

3月
감투
장발적 토벌 의병장들
감투 나눠주느라
광동 쪽은 감투 TO가
안 나서 민병대 모으기가
쉽지 않아요;;

4月
뭔 방책을 세우려 해도
교역 막혀서 세금 수입이 없어;;
돈 없으니 할 게 없네;
元

5月

세포이항쟁 발발!
응캬캬화황황황!!
인도에서 대반란!
하늘이 도우시는구나!!
영국 놈들 당분간
절대 못 온다!!!

6月

안 쓰고 안 움직이는
미니멀라이프가
대세가 될 거라니까요~

7~8月

영국 군함 무서워서
해수욕하러 나가질
못하겠네….

9月

저 추석에 못 올라가요.
아, 이것저것 방비하느라
바쁜 거 아시잖아요.

요즘 새벽기도
다니느라 몸도
좀 피곤하고.
인도에서
세포이가 이기게
해주세요~
영국 놈들 안 오게
해주세요~
10月

11月
영불연합군 홍콩 집결
$#B@#!
새벽기도 효과
개뿔도 없네!!

1857년 12월, 영불연합군은 주강 하구를 거슬러 올라오며
광저우에 최후 통첩을 날립니다.

사과! 배상! 내륙 통상·선교 허용!
베이징과 직접 외교 주선!
수락 안 하면 광저우 불바다!!

그리고 이 레이드에 함께하는
4개국 전권 대표단.

이 동네는 항상
크리스마스 즈음에
뭐가 터지더라고.
뭐가 터지는 게 아니고
너님들이 뭘 터뜨리는 거지….
엘긴 백작
그로 남작
푸차틴 제독
리드 공사

열강의 발톱 앞에 던져진 광저우의 운명은?!

제 4 장

제2차 아편전쟁 전반전 마무리

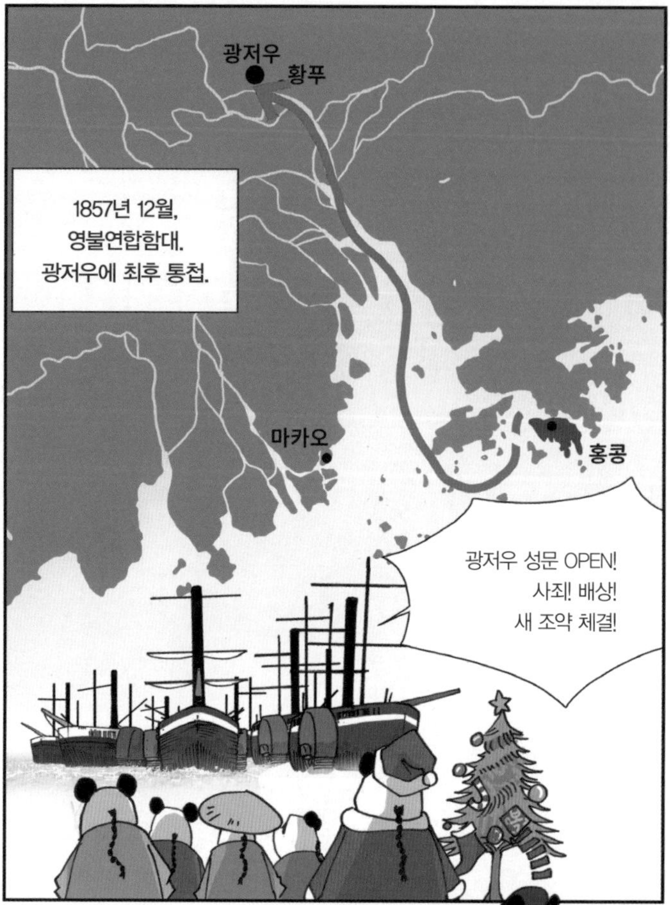

광저우
황푸
마카오
홍콩

1857년 12월,
영불연합함대.
광저우에 최후 통첩.

광저우 성문 OPEN!
사죄! 배상!
새 조약 체결!

엽명침은 이에
대꾸도 안 하고 묵살.

그러면 뭐, 공격이지.

12월 28일, 영불연합군 공격 개시.
쿠쾅

공격 하루 만에 광저우성 함락.
간단하다고 했지?
으억ㅋ 중국 개꿀이네.

엽명침은 도주하지 않고 남아 있다가,
…

아이고,
이거, 총독 각하~ 오랜만에
인사 드립니다요~ㅎ
포로行
…

엽명침은 영국 군함으로 이송되어–

영국 차가 입에
맞으십니까?
아니, 그러니까
이게 다 중국에서
수출한 차라고….

캘커타
캘커타에 연금.
싱가폴 정도로 생각했는데;
멀리도 보내네;;;

그리고
캘커타에서
단식투쟁.

영국 여왕을 만나게 해달라! 직접 이치를 논하면 그쪽 군주께서 어찌 이 전쟁의 부당함을 용납할 것인가!
영국 가면 음식 더 입에 안 맞으실 텐데;;

그러다가 다음 해 4월, 사망.
순국인지 아닌지 애매하구먼….

자, 이제 추가 개항! 내륙 통상-선교 허용! 베이징 상주 공사관 개설!
-에 대해 느그 조정과 직접 교섭하고 싶은데요!!
아, 저기, 서양과의 협상은 광저우 레벨에서 처리하는 게 조정의 기본 방침이라;;

베이징은 영불 세력의 요구를 거절.
테러범과 협상은 없다!
어;; 그래도 괜찮을까?;;
광저우에서 딤섬이나 실컷 처먹어라!
딤섬 싫어할지도;;

딤섬 질렸어!!
태평천국인지 뭔지로 나라 망할 판이라면서 뭔 깡이냐?!
함대북상!!
북경오리 뜯으러 갑죠~

1858년 3월, 영불연합함대는 톈진을 향해 북상.

태평천국과 상군은 멀리서 불구경 모드.

베이징

톈진

서양인 문제는
광동성과 조정에서
알아서 처리하셔야지;

여긴 장발적
만으로도
골치 아프다고.

양형제 님들
파이팅!

광저우

자리 예약해놔라!

1858년 4월, 영불 연합함대, 다구 앞바다에 포진.

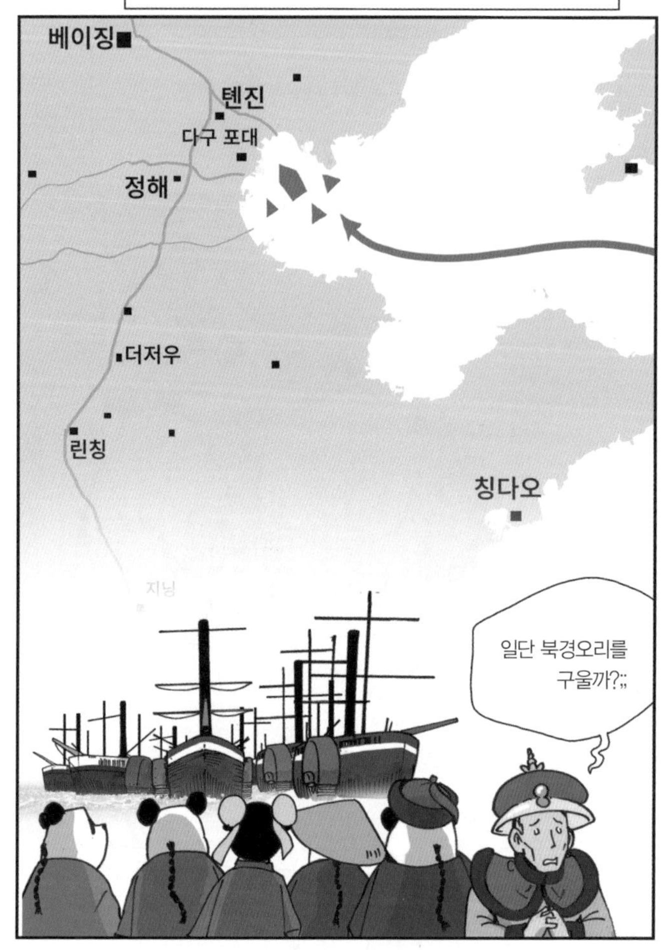
베이징
톈진
다구 포대
정해
더저우
린칭
칭다오
지닝
일단 북경오리를 구울까?;;

이 와중에 러시아는 4개국 외교 협상단 외의 다른 루트로 중국 측과 별도 접촉.

하라쇼~

우리 사이에는
저 영불 놈들과 달리
영토 문제로
얘기할 거리가 있죠.

으어?;; 영토 문제?
ㄷㄷㄷㄷ;;;

만주에서 따로
얘기합시다;;

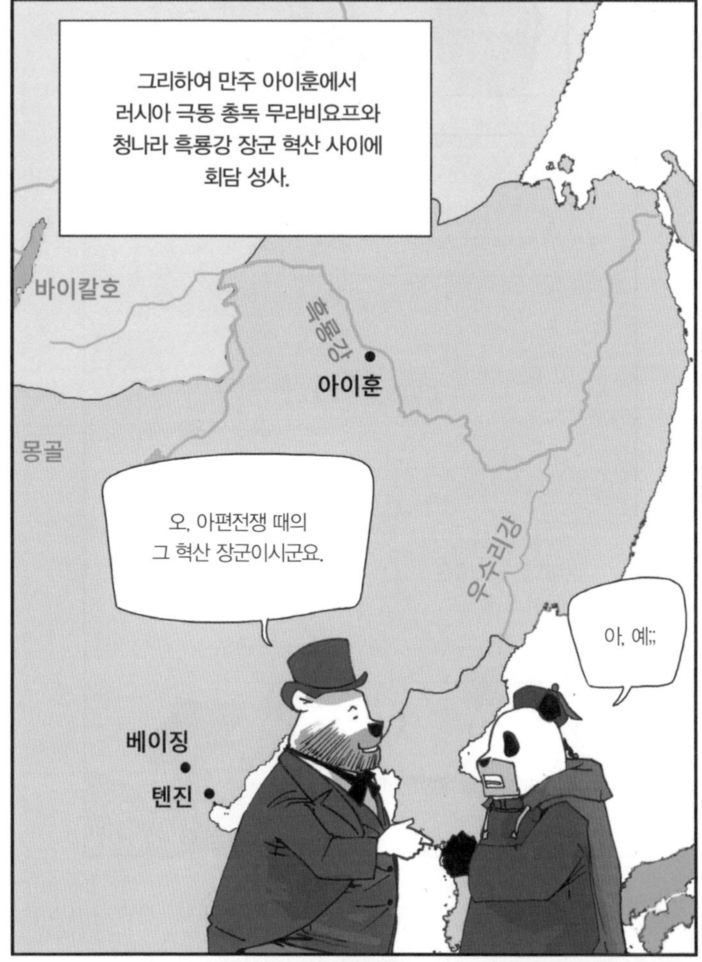
그리하여 만주 아이훈에서
러시아 극동 총독 무라비요프와
청나라 흑룡강 장군 혁산 사이에
회담 성사.
바이칼호
흑룡강
아이훈
몽골
우수리강
오, 아편전쟁 때의
그 혁산 장군이시군요.
아, 예;;
베이징
텐진

우리 러시아와 청나라는
저 무도한 영국·프랑스 놈들과는 달리
이미 200년의 교류 역사가 있는
올드 프렌드 아닙니까요!
되도 않는
친한 척을….

최초의 접촉은 1650~60년.
흑룡강·우수리강을 따라 내려오던
러시아 개척단과 청나라 간의 충돌.
바이칼호
흑룡강
아이훈
몽골
나선정벌!
저 총 잘 쏘는
대두병Big Head들은
어디서 온 종족?
머리에 쓴 전립이 커서
머리가 크게
보이는 거거든?!!

이 충돌 이후,
대충 협상하기로.

이렇게 멀리서 계속 싸울 여력도 없고; 국내 사정도 안 좋고 해서;;
나님도 다른 데 신경 쓸 거 많아요.

1689년, 몽골 북쪽 네르친스크에서 회담이 열립니다.

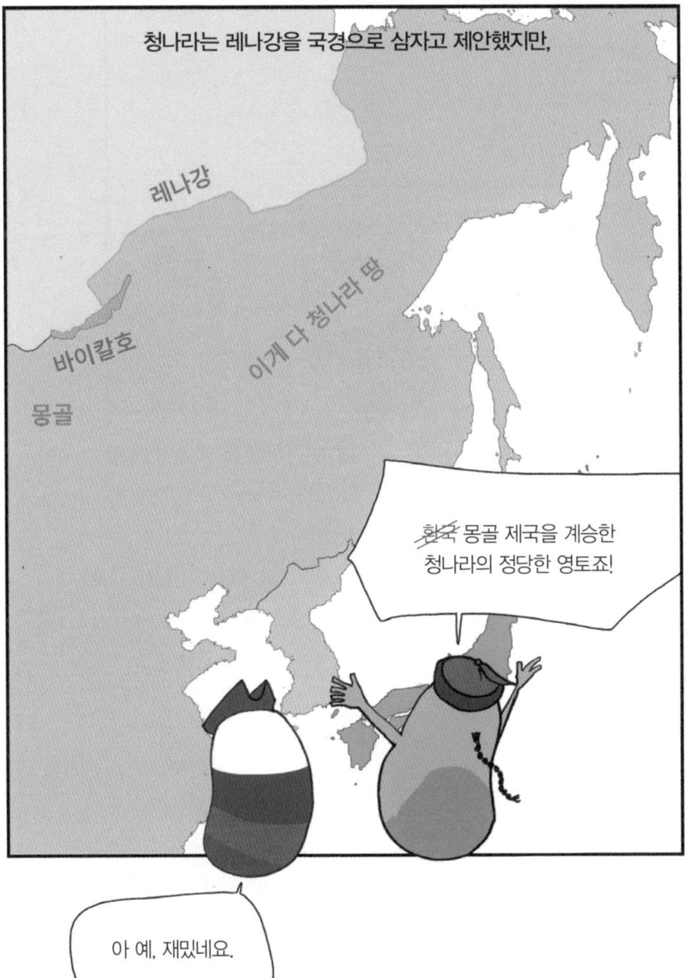

청나라는 레나강을 국경으로 삼자고 제안했지만,

레나강

바이칼호

몽골

이게 다 청나라 땅

~~원국~~ 몽골 제국을 계승한 청나라의 정당한 영토죠!

아 예, 재밌네요.

외싱안링산맥을 국경으로 삼기로 결정.

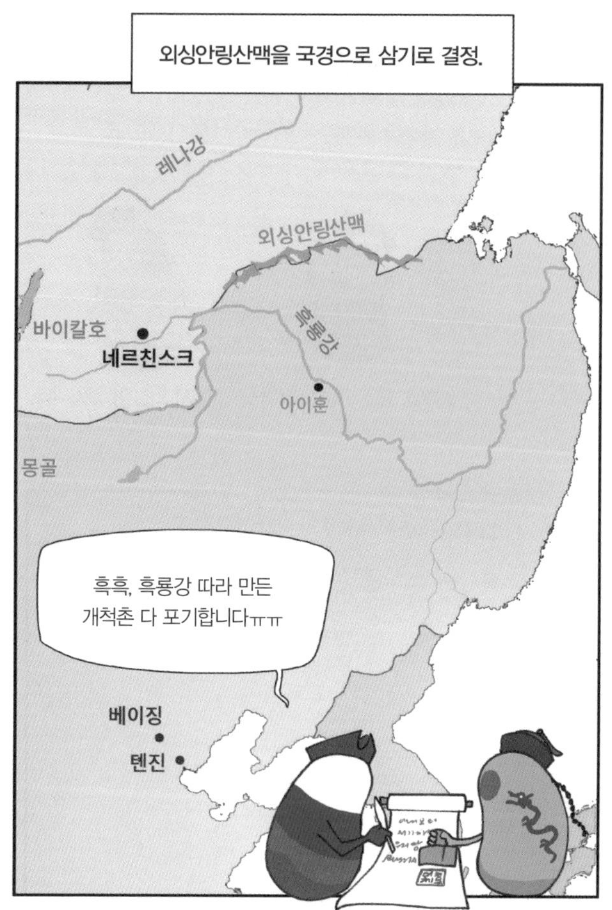
레나강
외싱안링산맥
흑룡강
바이칼호
네르친스크
아이훈
몽골
흑흑, 흑룡강 따라 만든 개척촌 다 포기합니다ㅠㅠ
베이징
톈진

1689년, 네르친스크 조약 체결.

이후 1727년, 캬흐타 조약으로 몽골 쪽 국경도 확정.

근데 여기 투르키스탄 쪽은 어쩌죠?
어쩌긴 뭘 어째-
바이칼호
몽골
투르키스탄
카스피해
페르시아
아프간

다 죽이면 되죠.

1750~60년. 청, 東투르키스탄의 준가르 정벌. 멸족.

우린 저렇게 당하지 않을 것이여!;;

위구르

러시아 또한 19세기 내내 西투르키스탄 지역의 복속-정복 사업에 매달렸죠.

카자흐스탄은 언젠가 반드시 독립할 것이다!

아무튼 청-러시아에 의해 투르키스탄 지역이 대충 밟힘에 따라, 청나라와 러시아를 잇는 육상 교역로가 번창합니다

萬里茶路

바이칼호

몽골

우루무치

알마티

타슈켄트

카스피해

만리차로

페르시아

아프간

차와 은을 잔뜩 싣고 다니던 산서 상인들은 마적 떼의 습격을 피하기 위해 만리차로의 기점마다 요새를 지어 방비했습니다.

무장 휴게소죠.
고용되면 경호원,
일 없을 때는 마적.

낙타에 싣고 다니기 편하도록 벽돌 형태로 뭉쳐 굳힌 차.

塼茶
전차

\ 이걸로 차를 끓이는 예법이 바로 전차도!

이 만리차로로 들어온 차 덕분에 러시아 특유의 차문화가 흥합니다.

어휴, 배로 싣고 오는 영국 놈들 차는 소금기 껴서 어케 마시나?
러시아 놈들 차는 모래 씹혀서 어케 마시나?
MILK
미친놈들아! 차에 잼·우유 타지 마!

아편전쟁 후 서양 열강이 중국과 근대적 통상 조약을 맺자, 이 지역에서도 1851년 쿨자 조약을 통해 근대적 교역 제도가 정비됩니다.

으억; 영국 만나본 소감이 어떠심?ㅋ
응, 너님도 곧 줘팸당할 거임.

※ 2년 후, 크림전쟁 발발.

MEANWHILE

극동 쪽으로는 18세기 이래
상인들이 모피를 찾아
꾸준히 동진.
소빙기로 유럽인들이
모피 코트 없으면 다
얼어 죽게 생겼거든요.
내복 입어라;

그렇게 러시아인들은 계속 동쪽으로 나아가
아메리카 대륙까지 건너갑니다.
1728년,
베링해협 발견.
1735년,
캄차카 진입.
1799년,
알래스카 식민지 선포.
대서양과 태평양을 가로지르는
초장거리 뱃길로도 찾아갔죠.

지역 원주민들의
강력한 저항에
직면하기도 했지만–

보드카가
모든 문제를
해결해주죠!

모피 받아라!
술 내놔라!

그리고 알래스카에서 해안을 따라 계속 남진,
캘리포니아까지 도달하기도.
샌프란시스코 인근
포트로스. 1841년까지 점유.
형이 왜
거기서 내려와?!
Hola~!
아미고~!

러시아 세력이 사할린으로 내려오면서
18세기 후반부터 사할린과 북방 섬들을 놓고
일본과 영토 갈등이 이어집니다.
아, 글쎄 사할린은 우리 영토와 연결된 땅이라니까요?
와, 너님, 사할린이 섬이라는 것도 모르고 있었구먼?!

아무튼 이리 쭉쭉 뻗어나간 건 좋은데, 관리하기에 너무 멀어!!!
육지로는 길도 없는 시베리아, 죽을 각오로 횡단하는 거고,
바다로는 대서양의 끝과 끝, 태평양의 끝과 끝을 가로지르는 세계일주보다 더 먼 뱃길!

그리고 얼마 전,
크림전쟁 때,
이 먼 땅을
유지하는 것이
얼마나 어려운 일인지
절감했습니다.

영국 놈들한테 태평양 기지
다 털리는데 도와줄 수가 없다!!

손 안 닿는 땅들을 배로
기습하는 영국 해적 놈들!!
러시아가 바다로 나오지 못하게
틀어막고 있는 왕따 주도범!!
아아!! 너무나 갖고 싶다!
큰 바다로 나갈 수 있는
부동항!!
근데 그게 중국이랑
무슨 상관;;;

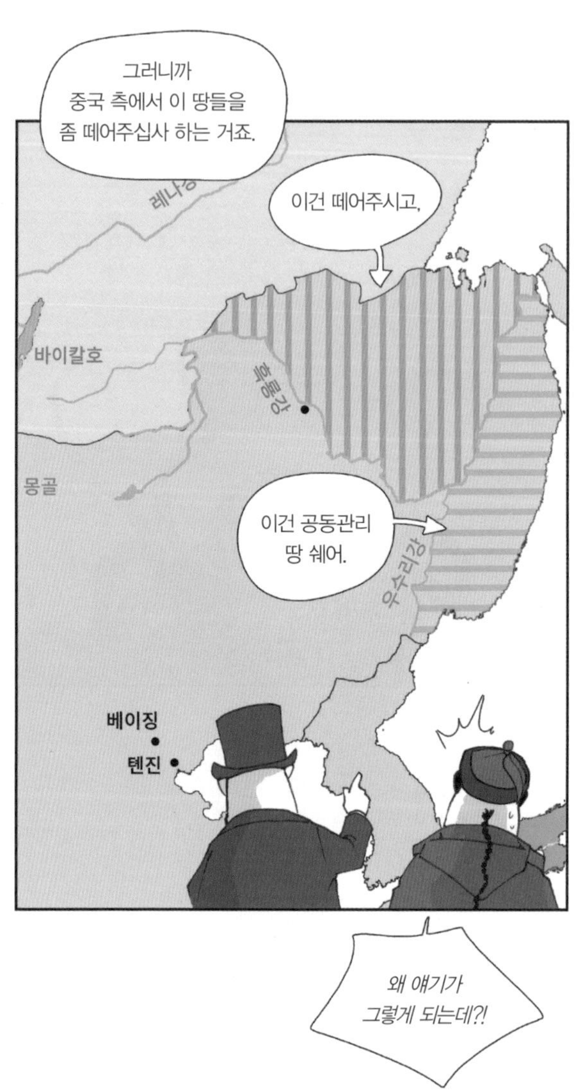
그러니까
중국 측에서 이 땅들을
좀 떼어주십사 하는 거죠.
레나강
이건 떼어주시고,
바이칼호
흑룡강
몽골
이건 공동관리
땅 쉐어.
우수리강
베이징
텐진
왜 얘기가
그렇게 되는데?!

보소, 우리 러시아에게나,
청나라에게나
영국이 불구대천의 원수
아니겠습니까?
뭔 좀생이처럼
맘에 담아두냐?

중국이 저 영토를 러시아에게 제공해서
러시아가 큰 바다로 나갈 수 있는 발판,
영국에게서 지켜낼 수 있는 배후 기지를 만든다면!

영국의 세계 지배에 한 방 먹일 수 있는 절호의 수 아니겠습니까?!
이쪽 바다로 나올 줄은 몰랐지?!
헉?!

너님들 만주 땅, 어차피 봉금지로 백성들 못 들어가게 막아놓았잖아요.
이럴 때 유용하게 사용합시다! 네?
흑룡강성
길림성
요녕성
황실 발원지 무단 경작시 사형

아니; 그래도
저 큰 땅덩어리를
툭 떼어달라니;;;
네르친스크 조약으로
정한 국경인데;;
우린 네르친스크 조약을
잘못된 외교참사로
간주합니다!
당시 표트르 1세의 누나가
멋대로 섭정 노릇 국정 농단하며
맺은 조약이라고요!

영국은 깡패긴 해도 이렇게
큰 땅덩어리 떼달라고
하지는 않던데;;
해양 문명과 대륙 문명은
결국 미래 세계를 놓고
대결전을 벌이게 돼 있어요!
대륙 문명끼리 좀
사이 좋게 지내봅시다! 엉?!

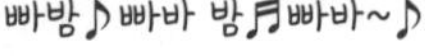
빠밤♪빠바 밤♬빠바~♪

아, 잠깐 전화 좀
받을게요.
아, 예. 어?
그래? 진짜?

방금 다구 포대가 영불연합군에
점령되었다는군요.
히익;;

1858년 5월 20일,
영불연합군에 의해
다구 포대 함락.
베이징
텐진
다구 포대

으억! 결국 쟤네
진짜로 전쟁할 생각이네!!
아;; 예;;;

영불연합군이
베이징으로 쇄도하는 거
어떻게 막으실렵니까??
그때 만주로
러시아의 수만 군세가
밀고 내려오면 어쩌실렵니까?
그리되면 만주 통째로
다 내놓으셔야 할 텐데?
으어;;;

아; 이거 아바마마 때보다
훨씬 Z#된 상황인 거죠?

ㅇㅇ;;;
양강의 장발적, 산동의 염군이 날뛴 지 오래고,
신장의 위구르도 불온한 움직임을 보이고 있습니다.
영국과 프랑스는 베이징의 코앞에 이르렀고,
러시아는 만주를 겁박하고 있습니다.

이 난리들을 다 평정하는 건
지금 조정의 능력으로는
불가능합니다.

그러니까 양놈들 말을
들어주는 척하면서 시간을
벌어야 합니다.

양놈들 해달라는 대로
일단 도장 다
찍어주도록 합시다.

SO-

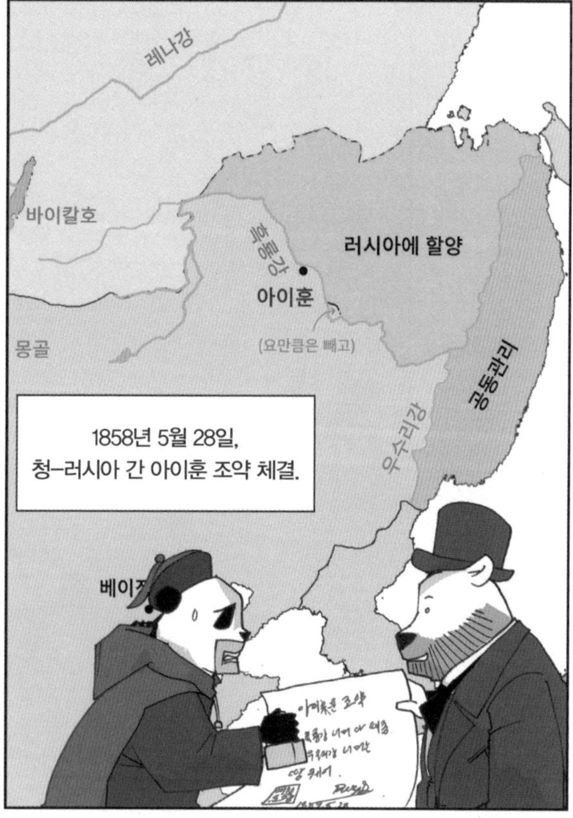

레나강
바이칼호
아무르강
러시아에 할양
아이훈
(요만큼은 빼고)
몽골
공동관리
우수리강
1858년 5월 28일,
청-러시아 간 아이훈 조약 체결.
베이징

1858년 6월,
청-영·불·미·러 간 톈진 조약 체결.
Ten(10)진 조약이니까
항구 10개 열어 주는 걸로ㅋ

이로써 베이징에 열강의 공사관 개설 약조.

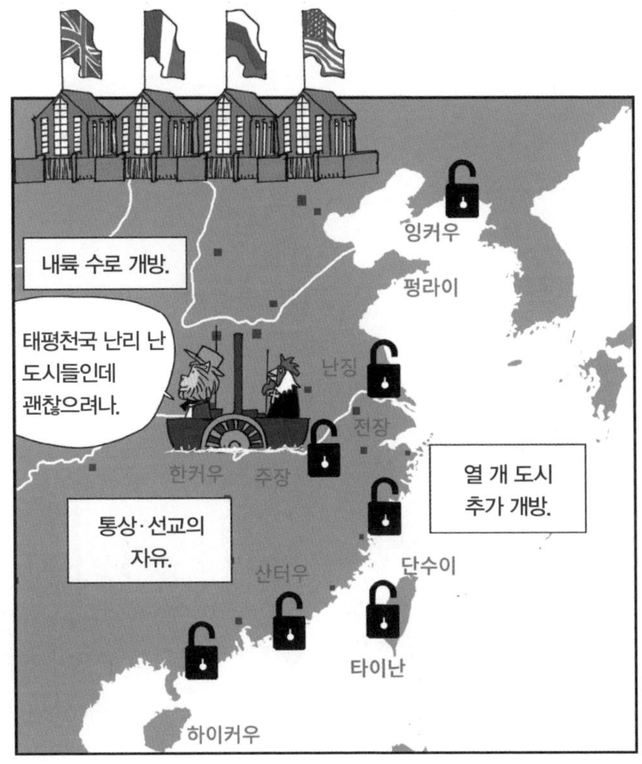
내륙 수로 개방.
태평천국 난리 난
도시들인데
괜찮으려나.
통상·선교의
자유.
열 개 도시
추가 개방.
잉커우
펑라이
난징
전장
한커우
주장
산터우
단수이
타이난
하이커우

…이것은 시간 벌기일 뿐.
방비가 갖춰지면 다
쓸어버려주마….

이야~! 이렇게 텐진 조약의 5개국-
미국·영국·프랑스·러시아·중국을 모아놓고 보니
세계를 이끌어갈 5개 대국 위엄 지리는구먼요!
언젠가 세계 국가연합 같은 거 만들어지면
이 다섯 개 나라가 리더들이 되겠죠?!
…

자, 이렇게 한 건
깔끔하게 처리했으니
다 같이 빼갈 한 짝
적시러 갑시다!
아, 저 우리는
저쪽에 좀 처리할
일이 있어서….

음? 어디들
가시는 거임?
어디긴 어디겠어요.
얼마 전에 개국했다는
거기 말입니다.
미국 분이
잘 아실 텐데.

미국이 침 발라놓은
그 섬나라.
일본으로 갑니다!

1858년 여름,
영국·프랑스·러시아 외교 대표단, 일본行.
oh, shit;;

굽씨의 오만잡상

러시아의 전통 차탕기 사모바르!
근데 사모바르 위에 가죽 부츠를
뒤집어씌우는 이유는 뭘까요?!
차에서 발냄새
나지 않을까?
설마 업계 포상?
Самовáр
아, 가죽 부츠를 풀무처럼 이용해서
화로의 숯에 불을 붙이는 겁니다.
화로와 수조는 완전 분리되어
있으니 안심하라고.

아무튼 이렇게 톈진조약을 통해 2차 아편전쟁이 마무리된 것 같았지만, 이는 1년간의 휴전에 불과했습니다. 1년 후, 조약 비준을 강요하기 위해 영·불은 다시 군대를 보내게 됩니다. 즉, 여기까지는 2차 아편전쟁의 전반전에 불과할 뿐, 후반전은 1년 후에 다시 시작됩니다.

그 1년 후 후반전으로 넘어가기 전에 일본 쪽의 1850년대도 짚어보고 가야
중국과 일본 역사 이야기의 타임라인 싱크를 맞출 수 있겠지요.
그런고로 이제 일본으로 넘어가서 1860년까지의 일본사 이야기를 하다가
4권에서 다시 중국으로 돌아와 2차 아편전쟁 후반전을 이어가도록 하겠습니다.

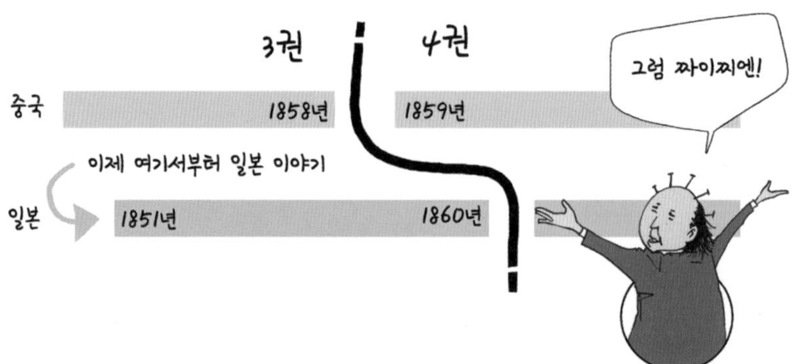
3권
4권
그럼 짜이찌엔!
중국
1858년
1859년
이제 여기서부터 일본 이야기
일본
1851년
1860년

제 5 장

John Man

사람 살려!!!

1841년, 태평양
무인도 도리시마.

미국 포경선 존 하울랜드호.

아리가또~

구해주셔서 감사합니다ㅠㅠ
저희는 일본 도사 번
어부들인데요,
고기 잡으러 먼 바다로
나왔다가 변을 당했습죠;;
文
A

풍랑을 만나 닷새간 표류하다가,

이 무인도에 표착해 140일 동안
새를 잡아먹으며 연명했습니다;;
저런 저런;;

이 배는 하와이로 가는 중이라
일본 근처에는 못 들르는데….
하와이
어휴, 아무 데나
사람 사는 곳에 내려주시면
아리가또입죠.

그리하여 일본 어부들은 하와이에서 하선.
알로하~

그런데 어부들 가운데
14세 소년 **만지로**는-

저는 더 큰 세상을
보고 싶습니다!
미국 가보고 싶어요!!
Oh! Brave Boy!
같이 가자꾸나!

미국 가려면 미국 이름을 가져야지!
이 배 이름을 따서 John 어떠냐!
존 만지로! John 万次郎!
우왕ㅋ!
존 만지로!
미국 간다!!
발음이 약간
좀 그런가;;

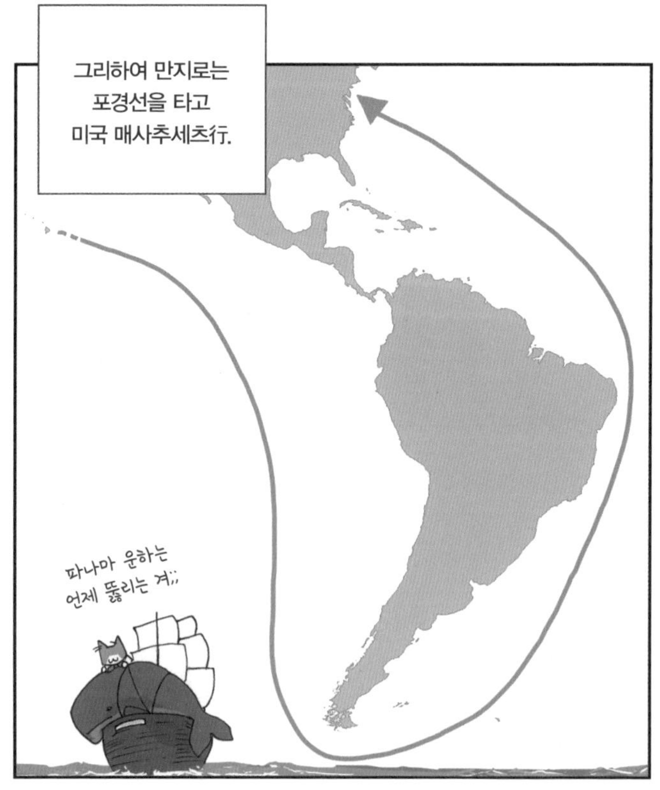
그리하여 만지로는
포경선을 타고
미국 매사추세츠行.
파나마 운하는
언제 뚫리는 겨;;

매사추세츠에서
선장의 고향 집에 맡겨집니다.

태평양에서 냥줍.
내 양자 삼았지!

미국에서 열심히
일하고 공부하며,

영어·수학·항해·선박 관련
기술들을 익힌다.

ABCD
EFG~
307×6=
Exactly!
1842.
암산
쩐다;
아아, 이것은
구구단이라는 것이다.

그리고 4년 후, 포경선 선원으로 취직,
다시 바다로.

ㅂㅂ~

그리하여-

포경선의 에이스
작살잡이가
되었습니다!

일본인이 바로
고래의 천적이다!!

실력과 성실함을 인정받음.

날 생선을
그냥 먹어?!
아아, 이것은
사시미란 것이다.
츄라이 츄라이~

근데 우리는 이렇게 고생하고
돈은 요만큼 받는데,
집에서 자고 있는 선주가
수익의 반을 가져가는 건 좀
불공평하지 않나?
웰컴 투
자본주의 월드.
캘리포니아에서 금맥이
터졌다던데, 그쪽에 가보면 어떨까?
1849년, 만지로는 배에서 내려 캘리포니아行.
CAILFORNIA GOLD RUSH!

※ 1848년, 캘리포니아에서 금이 발견되면서
사람들이 떼거지로 몰려드는 골드러시 시작.

캘리포니아에서
金득 성공!
이제 돈도 좀 모았으니
고향으로 돌아가서
포경 사업을 해볼까나~!
1851년, 만지로는 고향 일본으로 향합니다.
중간에 하와이에 있던
옛 동료 어부들도 픽업해서.

쇄국 중인 일본에 직접 들어갈 순 없고,
일단 류큐에 상륙.
류큐
Hello~
하이사이~
미국 배에서
영어 하는 일본인이
내렸다?!
류큐 왕국은 1609년 사쓰마 번의
침공으로 아마미 군도를 뜯긴 이래
일본에 복속된 상태.
사쓰마
아마미 군도
오키나와
당 떨어졌다!
설탕 내놔라!!
SUGAR

SO-

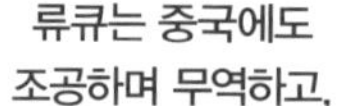
류큐는 중국에도
조공하며 무역하고,

니하오~
사쓰마에도
복속된 채
삥 뜯기고 있다.
칙쇼~

만지로는 류큐의 사쓰마 번 관리에게
인도되고.

우왓?!

10year 전에 엑시던트로
표류했던 도사 People
만지로입니다.

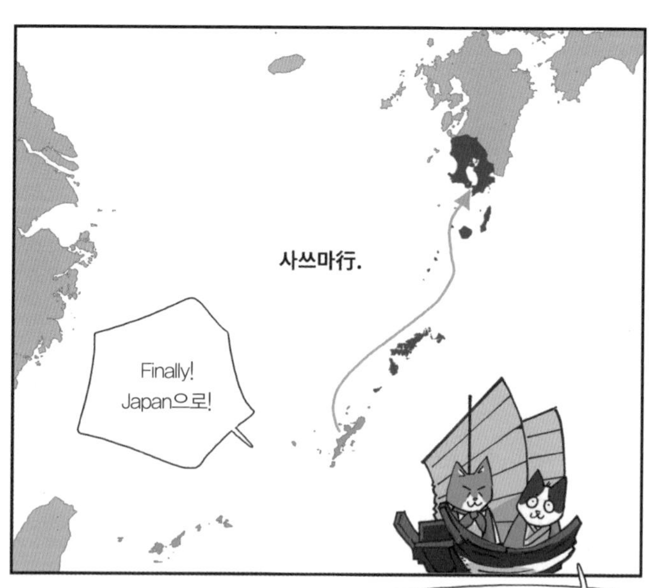
사쓰마行.
Finally!
Japan으로!

아, 근데 일본인이
외국에 나가면 사형인 거 알지?

사쓰마 번에서 출입국 경위에 대한 심문.

아, 제가 외국에서 10year을 산 건
My 뜻이 아니라, 풍랑 때문에
표류하다가 Life를 부지하기 위해…
영어
쩐다;;

그 기이한 행적에 흥미를 느낀
사쓰마 번주의 부름을 받는다.
가고시마성

ㄷㄷㄷㄷ

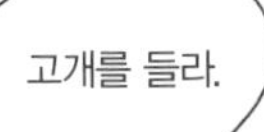
고개를 들라.

Y… Yes sir!

듀둥
島津斉彬

사쓰마 번주
시마즈 나리아키라(42세)

나님이 난벽(서양 덕후) 기질이 좀 있어서, 미국에서 10년 살다 온 사람을 만나려니 드레스코드를 맞춰보고 싶더라고.
어떤가?
New Yorker 스타일 힙 Feel 넘치십니다요.

뭐, 이 난벽을 아버지는 깨나 싫어하셨지만 말이야….
이 난덕후 섀퀴!! 덕질로 집안 다 말아먹겠네!! 사쓰마는 네놈한테 못 물려준다!

SO-
올해 나님이 번주 자리를 물려받기까지 좀 복잡다단한 집안 싸움이 있었지….

이 쇄국 일본에서 사쓰마는 류큐를 통해
외국과 교역하며 문물을 들여올 수 있다.
사쓰마가 가진 이 최고의 메리트를
아버지는 제대로 이해 못 하신 게지.
사탕수수 수탈만으로는
성에 안 차는 건가.

광저우의 중국 상인을 통해
서양 물건을 구할 수 있고,
그걸 류큐를 통해 들여온다.
이렇게 사쓰마는 쇄국하에서도
서양 문물을 들여오는
시스템을 갖추고 있다는 것!
아, 물론 불법 밀무역이니까
막부에는 비밀로.
중간 유통 과정 때문에
비용이 많이 들겠는데요;;

돈이라면 아마미 군도의
사탕수수 농장을 쥐어짜면
얼마든지 만들어낼 수 있다!
으어;;
일본인은
설탕 없이 살 수 없지!
설탕을 독점하는 사쓰마가
그 침 묻은 돈을
싹쓸이한다!

그리고 그 돈으로
서양의 기술과 공구 들을 들여와서–

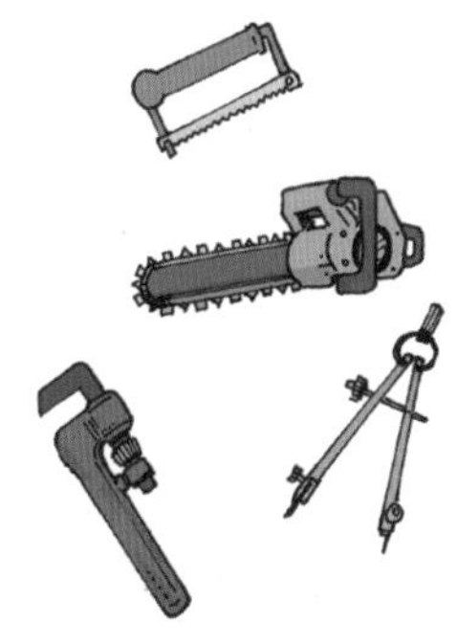

면직물 산업도
일으키고,

유리 공예 산업도
일으키고,

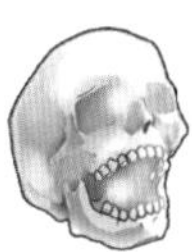

궁극적으로는 서양 선박 제조로
직접 오대양을 누비겠노라!

그러고 보니 지금 세계에서
가장 강하고 앞선 나라는 영국인 듯.
아편전쟁ㅎㄷㄷ

기존 난학의 네덜란드어는
이제 쩌리고,
앞으로는 영어의 시대야.
사쓰마 청년들에게
영어와 세계에 대해
특별 강연을 좀 해주게나.
강연이라니;;
저 무학력인데요;
ㅇㅇ, 그래서 강연료도
반만 줄 거라네.

SO–

사쓰마에서 영어와 해외 경험
토크 콘서트 진행.

ABCDEFG~♬
HIJKLMNOP~♪
QRS, TUV~♪
WX, Y&Z
China도 English 쓰는 양놈들한테
털린 마당에, ABC 정도는
익혀야 훗날 맞닥뜨렸을 때
Help가 될 것입니다.

거, 허여멀건 비리비리한 양놈들 따위,
일본 사무라이가 똥꼬 힘 주는 소리에
다리 풀려 흐느낄 놈들 아니오?!
뭐라는 겨,
미친놈아;

그게 말입니다. 양놈들이 Heavy해서 만만치 않은 것이–

양놈들이 아래 달고 다니는 것이 그 고구마 Size라서 말입죠.
으어?!

오쿠보 도시미치(21세) **사이고 다카모리**(23세)

※ 이 시대 사람들은 이름 변경이 너무 잦아서 인명 표기시 후대에 널리 알려진 통명으로 표기합니다.

만지로는 그리 몇 개월 동안 사쓰마에서 조사받고 강연하며 지내다가 나가사키 봉행소로 넘겨져 막부 관헌들에게 또 조사받고.
막부 직할령 나가사키
외국 나가면 사형인 거 알지?
천재지변 만난 것도 억울한데 그게 Guilty가 됩니까요;;

나가사키에서 취조 후,
드디어 고향 도사 번으로.
일본 땅 안에서
고향 가는 길이
더 오래 걸리네;
도사

하지만 고향 마을에 가기 전,
도사 번청(번 정부)에서 또 긴 조사 과정.
Please~;;
외국 나가면
사형인 거 알지?
만화 스토리로
써도 되죠?

그리하여 1853년에야
비로소 고향 마을에
돌아갈 수 있었던 것.
이제 우리 마을도
고래잡이로
부자 됩시다!

그리고 도사에서도 사쓰마에서와 마찬가지로-

도사 번주
야마우치 요도(26세)
山内容堂
미국에서 배 타던 놈이 왔다는데, 데려다가 영어랑 서양 항해술 강연 좀 시켜봐라.
-라고 하신다네.
아; 고래 잡으러 가야 하는데;;

도사 번의 젊은 번사들에게
영어와 항해술, 세계 근황에 대해 강연.

ABCDEFG~♬
HIJKLMNOP~♪
QRS, TUV~♪
WX, Y&Z
일본 근해에 득실거리는 바다의 GOLD! 고래! 고래를 양놈들이 죄다 싹쓸이해가는 걸 구경만 해야겠습니까?!

※ 번사藩士: 번 소속 사무라이.

고래 얘기는 됐고,
근간 유럽 여기저기서
터졌다는 48혁명은
어찌 되었소?
서양의 정치에는 충의가
결여되어 있으니, 그 나라가
부강하다 해도 정신의 그릇은
비었다 할 수 있잖겠소?
미국에 남겨두고 온
여자 있으슈?
고래가
돈이 된다고?!

이타가키 다이스케(16세) 사사키 다카유키(23세) 고토 쇼지로(15세) 이와사키 야타로(18세)

어휴, 전 무학력에 일개
고래잡이일 뿐입니다;
한문도 못 쓴다고요;;
Political 이야기는
No Thanks ~
ABCDEFG~♬
HIJKLMNOP~♪
QRS, TUV~♪
WX, Y&Z
쿵.

어으;
귀찮은 사무라이들 하고 그만 엮이고
얼른 고래잡이 시작해야 하는데;;
John 상~!
막부 쪽 사람들이
자네 좀 만나고 싶다는데.
에도에 좀 다녀오게.
Oh~ Please~!
미국 전문가 존 만지로에 대한 소문은
이미 막부에까지 전해져
에도에서도 만지로를 호출.
에도

江戸
에도

나님은 막부의 높으신 분들에게 이것저것 서양 정보를 모아 올리는 심부름꾼이라네.
아, 예;;
아직 관직은 없지만.

가쓰 가이슈(30세)

최근에 데지마의 네덜란드인들로부터 들어온 극비 정보에 따르면-
누설하면 사형이야.

조만간 미국함대가 개국을 요구하는 대통령 친서를 가지고 일본에 들이닥칠 거라는구먼!
What?!

그러니까 미국에 대해 자네가 아는 정보를 좀 읊어보게나.
높으신 분들께 PT 할 견적 나오도록.
Uhm–

《본격 한중일 세계사》 02권 제3장을 참조하시면 미국의 Pacific 전략에 대해 대충 얘깃거리가 나올 겁니다.
올ㅋ

원, 큰 도움이 되는구먼.
에도에 머물 동안 거처할 곳이 마땅찮다면 우리 집에–
아, 감사합니다만 공무로 출장 온 거라서 평민 주제에 도사 번저에 머물 수 있습니다요.

도사 번저
現도쿄 시나가와 구
수고하십니다~
음?!

이거 존 만지로 상 아닙니까?! 도사가 낳은 오대양의 건아!! 미국인들도 우러러보는 세계적인 작살잡이!!
아니; 그 정도는;;

이야, 이거 이거 도사에 있을 때는 못 뵈었는데 에도에 올라오고서 이리 만나는군요!!
책 감명 깊게 봤습니다!
아; 예;;
책 쓴 적 없는데요;

저, 사인 한 장 부탁해도 될까요!
나님 이름도 같이 적어서-
아, 제가
한자 까막눈이라;
아, 그럼 알파벳으로 써주세요!
그게 훨씬 힙하죠!! 개이득!!

사인 아래에다가
To. S-A-K-A-M-O-T-O
R-Y-O-M-A-라고-

사카모토 료마(17세)

제 6 장

흑선내항

1813년 9월 10일, 이리호.

영국 놈들이
항복했다!!
이겼다!!
미영전쟁 중 이리호전투에서
미군이 승리.

코딱지만한 호수에서 소꿉놀이
승리나 즐겨라, 양키 놈들아.
어른들의 바다는 영국 것이니까
대양으로 나올 생각은 하지 말고.
…

…언젠가 저 바깥 바다에서도 성조기가 유니언잭을 바닥 깔개로 삼는 미래를 만들어주마.
Matthew C.Perry

매슈 페리(19세)

미·영전쟁 이후 40여 년간, 페리는 해군에 봉직하며 증기선 도입에 앞장섭니다.
영국을 이기려면 해전의 새로운 기술적 패러다임을 선점해야죠!

그리고! 영국이 아직 다 먹지 못한 바다도 우리가 선점해야죠!
오오! 태평양!!
美 대통령 밀러드 필모어

미합중국 태평양 아치의
서쪽 주춧돌로 가장 적절한
이 섬나라! 일본!
슬슬 개항시킬
때가 되었습니다!

북태평양의 우리 포경선들이
안전하게 쉴 수 있는 기항지!
태평양을 건넌 증기선들이
석탄을 보급받을
수 있는 저탄소!
그리고, Made in USA 상품들을
널리 팔아먹을 수 있는 새 시장!

이런 소망을 담은
대통령 친서를 일본 정부에 전달!
이를 관철시킬 화친협상을
맺도록 하시오!
Yes sir!
아, 가는 김에
류큐도 들르고!
친서

1852년 11월, 페리 제독, 노포크 출항.

근데 국내 정치 괜찮은 건가요?
갔다 오면 나라가 없어져 있는 건
아니겠죠?
노예주 개미개!!
북괴 양키
꺼져라!
아, 원래 국내 정세가 꼬일수록
대외 어젠다를 적극 밀어서
관심을 돌려야 하는 법이에요.

어, 왜 태평양 쪽으로
안 가고 대서양 쪽으로?
태평양 연안은 아직
업글 수준이 낮아서
함대본진 레벨이 아녀.

으따, 양키 놈들
극동 끄트머리
섬나라 틈새시장 노리네.
일본은 우리가 먼저
개항시키려 했는데;;

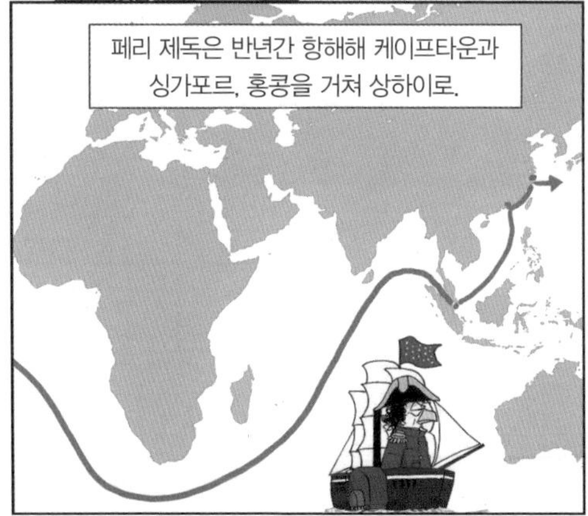
페리 제독은 반년간 항해해 케이프타운과
싱가포르, 홍콩을 거쳐 상하이로.

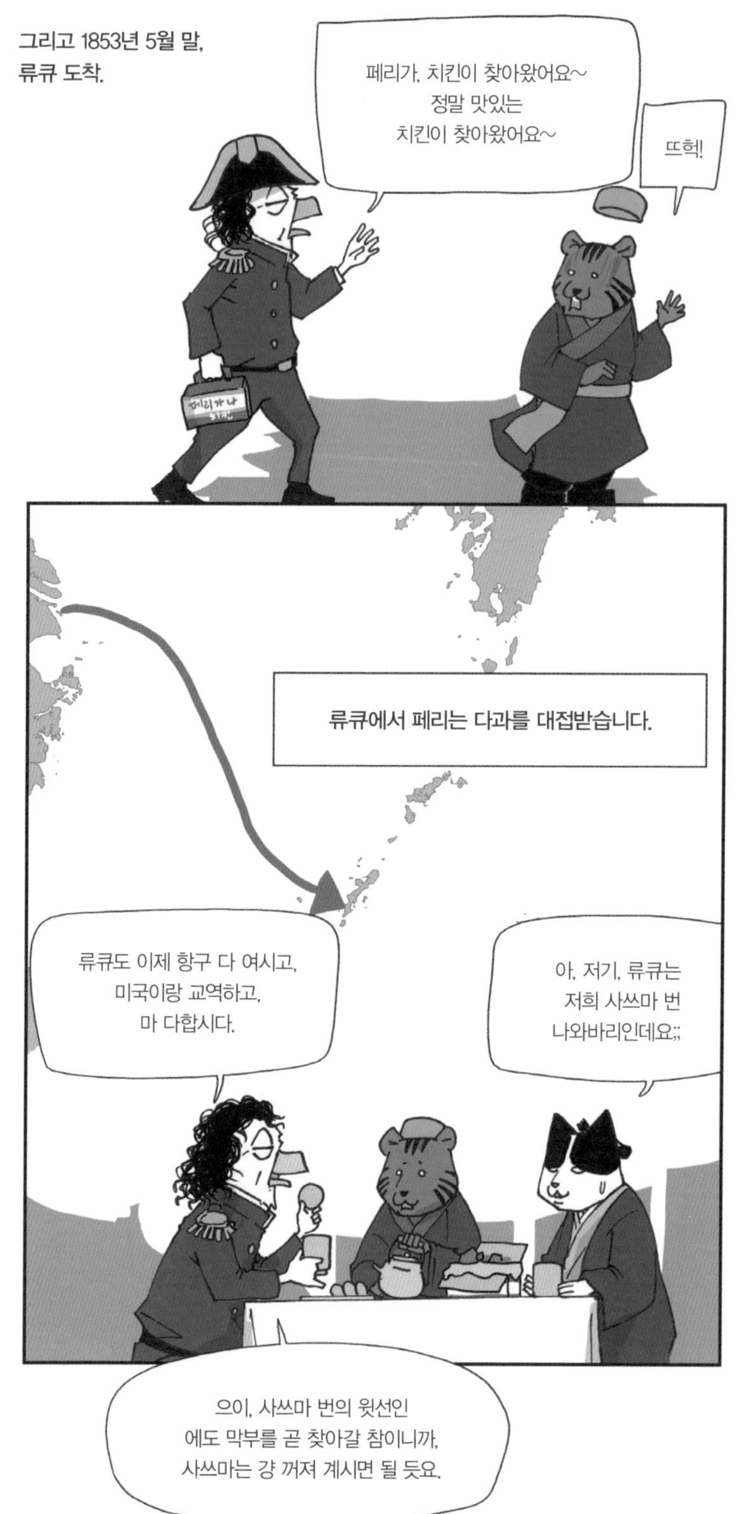
그리고 1853년 5월 말,
류큐 도착.
페리가, 치킨이 찾아왔어요~ 정말 맛있는 치킨이 찾아왔어요~
뜨헉!
류큐에서 페리는 다과를 대접받습니다.
류큐도 이제 항구 다 여시고, 미국이랑 교역하고, 마 다합시다.
아, 저기, 류큐는 저희 사쓰마 번 나와바리인데요;;
으이, 사쓰마 번의 윗선인 에도 막부를 곧 찾아갈 참이니까, 사쓰마는 걍 꺼져 계시면 될 듯요.

6월, 오가사와라 제도를 탐사한 후,
7월, 네 척의 함대가 일본으로 출항.

페리가 에도로 간다!
아니, 치킨 말고!
치약 말고!

이미 서양에 알려진
일본 연안 해도를 네비 삼아
순조롭게 북상, 일주일 만에
에도 근역 도달.
에도
류큐
후지산은 후지지 않은데
왜 후지산이냐. 오지는구먼.
오지산으로 개명해라.
おじさん

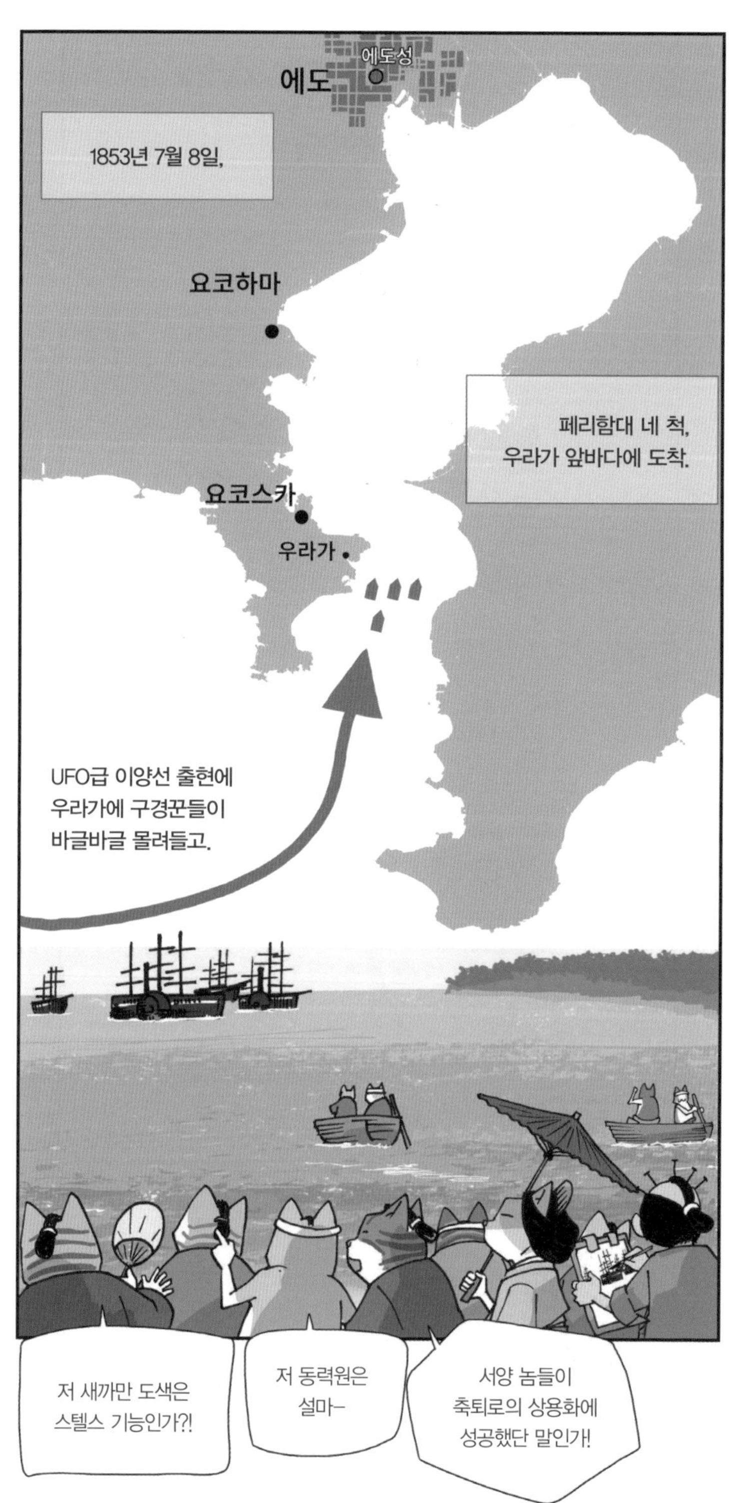
에도성
에도
1853년 7월 8일,
요코하마
페리함대 네 척,
우라가 앞바다에 도착.
요코스카
우라가
UFO급 이양선 출현에
우라가에 구경꾼들이
바글바글 몰려들고.
저 새까만 도색은
스텔스 기능인가?!
저 동력원은
설마-
서양 놈들이
축퇴로의 상용화에
성공했단 말인가!

페리함대의 포격 훈련 공포탄 발사에 구경꾼들은 혼비백산.

꽈광!

대포부터 쏘고 보는
무뢰한들인가!!

연기와 포성을 뿜뿜 뿜어내는 흑선 출현 소식에
에도 시내는 한때 패닉에 휩싸이기도.
양키
인베이전이다!!
잡히면 목화농장
노예 12년行이다!!

에도성에서는 막부 중신 회의가 열린다.

온다는 건 알고 있었지만,
막상 닥치니
어떻게 대응할 방책이 없네;;
로주 수좌
빈고 후쿠야마 번주
아베 마사히로

※ 로주 수좌: 막부 정치의 총리 격.

미국 놈들 오기 전에 해안에 대충
머스킷 총병대를 배치해두긴 했는데—
총병대

저 증기선 군함을 상대로
딱총으로 뭘 어쩔 것인가;;
우리 군은 대포 없는
포없찐이네;;

그래, 양키 놈들이
온 목적이 무엇인고~
우리 대통령 각하께서
일본 정부에 보내는 친서임!
고위 관료가 정중하게
접수해주길 바랍니다!
어;; 음;;;

뭐, 친서를 받으라니 받아야지.
안 받고 뻗대다가 대포 맞으면
많이 아플 텐데….
저놈들이 에도 가까이 배를 대고
대포를 쏴 제끼면 에도 불바다야.
으어;;

미국함대는 어떻게 에도의 취약점과
우라가 해협의 해로를 파악할 수 있었을까?!

Maybe

아, 글쎄 미국함대가
들이닥친다지 뭡니까.
네덜란드인들이 일본에
서양 정보를 전달해줬듯이,

미국에도 일본 정보를 전달해준 것.
에도 만으로 들이치기에는
7월이 물때가 제일 좋습죠.
Oh! 일본 연안 해도 자료가
이미 다 있었구먼요?
가격 선제시요.
우리가 200년간 일본에
그냥 왔다갔다한 게 아닙니다.

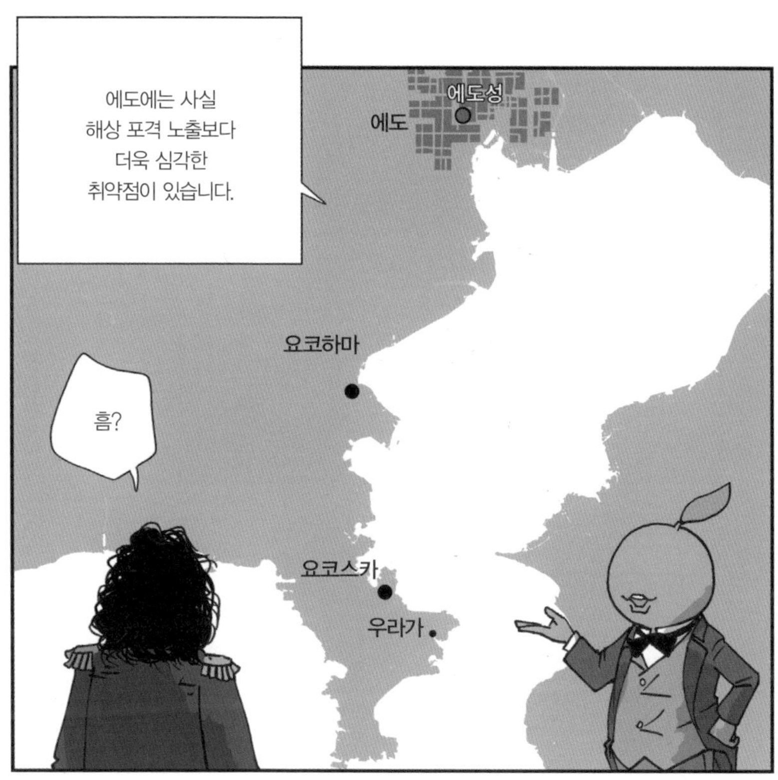

에도에는 사실
해상 포격 노출보다
더욱 심각한
취약점이 있습니다.
에도성
에도
요코하마
흠?
요코스카
우라가

100만 인구를 자랑하는 大에도!

에도의 100만 인구가 생활하기 위한
식량·물자의 수송을 육로에만 기댄다는 건
불가능한 일이죠.
철도 왕국은
언제 도래하냐?!
에도

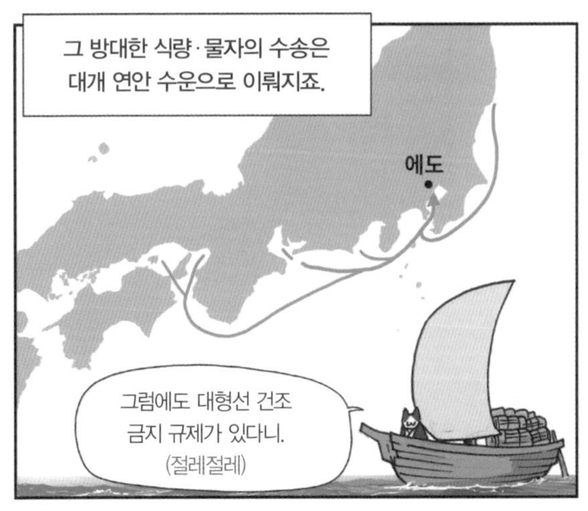
그 방대한 식량·물자의 수송은
대개 연안 수운으로 이뤄지죠.
에도
그럼에도 대형선 건조
금지 규제가 있다니.
(절레절레)

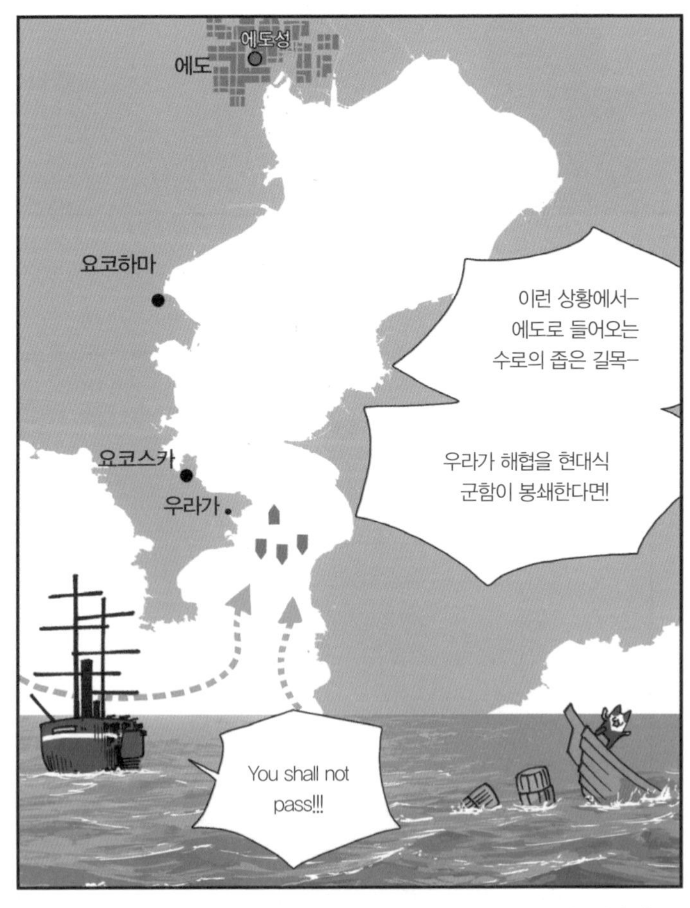
에도성
에도
요코하마
요코스카
우라가
이런 상황에서-
에도로 들어오는
수로의 좁은 길목-
우라가 해협을 현대식
군함이 봉쇄한다면!
You shall not
pass!!!

단 한 척의 수송선도 에도로 들어갈 수 없게 되고-

물자 공급이 끊긴 에도는 일주일이면 붕괴합니다.

에도가 붕괴하면,
에도를 반석으로 삼은
도쿠가와 막부 정권도
무너질 것입니다.

즉 우라가 해협의 페리함대는
그 포지션 자체로 이미
에도에 체크메이트!
玉

졌네?
ㅇㅇ 졌음;;
일단 양키 놈들 뜻대로 친서를 접수합시다….

이에 7월 14일,
페리가 구리하마에 상륙.
우라가 봉행(우라가 지방장관)**이**
맞이한다.

이렇게 무례하게 국서를 전달하는 예법이 동양에는 없다는 거 아실랑가 모르겠소.

나님은 서양의 예법을 따르니까 상관없음.

서양 국제법에 남의 나라 영해에 군함 몰고 무단 침입하면 안 된다고 쓰여 있다는뎁쇼?
해국도지
여긴 서양이 아니라 일본이니까 상관없음.

동양의 예법도 안 따르고,
서양의 국제법도 안 따른다면,

뭐, 그냥 황야의 무법자임?
19세기가 사실은
포스트 아포칼립스 세계관?
그쪽 대통령은 임모탄 조?

...

함포 발사!!

우와아앍!
스미마셍!!!

결국 7월 14일, 막부는
필모어 대통령의 친서를 수납.

답신은 언제?
아, 좀, 논의해보게
내년까지 기다려줘요.

I'will be back
next year!
1853년 7월 17일, 페리함대는
에도 만에서 물러나 홍콩行.
으따;;
이제 어쩌지?

12대 쇼군
도쿠가와 이에요시
쇼군께서는 병상에서
오늘내일하시는지라-
막부 중신들이 어찌저찌
해결해야 할 터인데-

일단 미국 사정에 밝다는
그 고래잡이를 데려와봐라.

ㅇㅇ 이 친구.
존 만지로.
고개를 들라.
ㄷㄷㄷ

우라가 방위를 맡은
히코네 번주
이이 나오스케다.

이이 나오스케(38세)
井伊直弼

헉, 이이-라 하옵시면-

율곡 이이!

이기론이라
이기다!

E E!
C foot

이이–경
반대가 끌리는
이유가 뭘까요.

1절만 해라!
Yee~

아메리칸 스타일 조크를
듣고 싶은 게 아니라,
저 미국이 과연 인의로써
교린할 만한 나라인지 알고 싶네.

미국과 인의라 하옵시면–

일단 미국인들은 대체로
성품이 착하고,

유럽의 호전광 제국들과 달리
스스로 인의로운 나라라
자부하는 미국입니다만–

어휴, 노답 유럽 양아치들 수듄;;
미국은 태생부터 침략을
극혐하는 개척자·저항자
정신으로 태어난 나라입니다!

그 실상을 볼작시면
원주민인 인디언을 몰아내고,
이웃 나라의 땅 반을 뜯어가고,
흑인들을 노예로 부리는 나라입니다.

그래도 본성은
착하다고요!!

싸움을 즐기는 미국의 전투력에는
저 영국조차도
혀를 내두를 정도라지 말입니다.

갓메리카~!
FXXX Ye!!!!
내가 괴물을
풀어놨어;;;

물건을 만드는 기예와
장사에도 매우 능한지라,
일본이 미국과 교역한다면
순식간에 나라 안의 돈을 다 털릴 것입니다.

무역 역조!

뭐, 그렇다면 미국의 군사력이 무서우니
대충 기항지 제공 요구는 들어주되,
교역은 최대한 열지 않는 쪽으로
가야겠구먼.

AND—

이번처럼 에도가 바로 해상포격 위협에 노출되지 않도록,
에도 앞바다에 해상포대를 건설해야겠어.

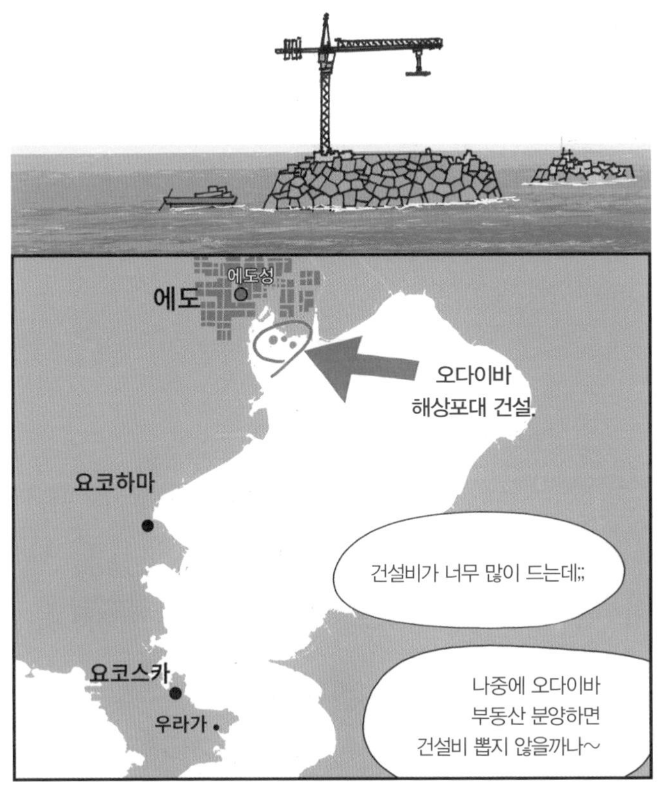
에도성
에도
오다이바
해상포대 건설.
요코하마
건설비가 너무 많이 드는데;;;
요코스카
우라가
나중에 오다이바
부동산 분양하면
건설비 뽑지 않을까나~

그리고 대형선 건조 금지 규제 폐지!
미국 함선은 3천 톤을 넘어가는 마당에
일본 배는 100톤 급이나 굴리고 있으니!
배 크기가 문제가
아닌 거 같은데;;;

무엇보다 이제 나라의 위기를 맞아,
여러 번의 중론을 모두 모아
위기를 헤쳐나가도록 합시다!
여러 존귀하신 번주 님들의 참여 바랍니다!
열번 협치
솔까, 막부가 흑선에 대응할 능력
없으니 어떻게든 책임 분산하려고
여기저기 다 끌어들이는 게 아닌감….

이렇게 대책을 삼을 것을
상주드리옵니다~
전하?

으갸아아아유!!
삐이익

쇼군 승하!!

1853년 7월 27일,
쇼군 도쿠가와 이에요시,
페리함대 퇴거 열흘 후 사망.

새 쇼군이
심성은 착한
분이시지만;

13대 쇼군
도쿠가와 이에사다(29세)
徳川家定
뇌성마비 증상으로
병약하신지라;;
득남할 가망 없고;;

새 쇼군 즉위와 함께
에도성은 후계 구도를 둘러싼
궁정암투行!

내우외환의 위기! 과연 도쿠가와 막부의 운명은?!

제 7 장

흑선(들)내항

페리함대가 에도 만에서
퇴거한 지 한 달만인 1853년 8월,
러시아함대, 나가사키에 내항.
나가사키
하라쇼!
에프피미 푸차틴 제독
Evfimii vasil'evich Futyatin
영국·미국
앵글로 색슨 놈들 포악하죠.

그에 비해 우리 러시아는 일본과 국경을 맞대면서도
폐 끼치지 않고 항상 점잖게 교섭해왔잖우?
일본 정부가 외국 배들은 나가사키로 오라니까
이렇게 얌전하게 나가사키로 왔고 말이죠.

(러시아의 극동 영토들을 관리하려면
일본 항구들이 보급 기지로 요긴하죠)

사실 러시아는 일본과 항구 개방, 통상 교섭 말고도 국경 문제도 논해야 하니, 빨리 화친 조약 맺고 교류해야 하지 않겠음요?
사할린
사할린을 어떻게 나눌 것인가.
우루프 섬
이투루프 섬
쿠릴 열도의 섬들을 어떻게 나눌 것인가.

아으으으으으 으으으으으으으 으으으
이번에 우리 쇼군도 돌아가시고, 다시 돌아온다는 미국 놈들 협박도 골치 아프고, 우리 일본이 지금 뭔가 바깥일을 논하기가 과부하 상태예요~

아니, 미국 놈들 다시 돌아오면 어차피 개항 조약 맺을 게 아니오?
점잖게 권하는 사람 말은 안 들어주고 협박하는 사람 말은 들어주는 거요?!
아; 물론 우리가 다른 나라랑 개항 조약 맺으면 당연히 러시아랑도 조약 맺죠;;!!

어, 그럼
각서 쓰세요.
각서
타국과 조약 맺으면
러시아랑도 꼭 맺을 것.

나중에 다른 나라랑 개항 조약 맺으면
러시아랑도 꼭 조약 맺는 겁니다?!
약속 지키세요!
ㅇㅇ;;

나가사키를 떠난 푸차틴은
류큐로 향하고-
나가사키
류큐에서 페리를 만납니다.
프리베트!
아메리칸스키!
나하
헉, 로스케가 왜
저기서 내려와;
에도 턱밑으로 밀고 들어가다니
과연 신대륙의 기상!

Well, 러시아와 미국– 두 대국이 손잡고
일본 개항에 공동으로 나서면
위엄 쩔지 않을까요? ㅎ
잉?

거, 유럽 쪽에서 슬슬
영국·프랑스랑 러시아 사이에
전쟁 난다는 소문이 돌던데요~
(크림전쟁)
그렇게 전쟁에 돌입할
너님네 함대랑 손잡을 수는
없을 것 같네요.

일단 전쟁 나면
영국 놈들 피해서 도망갈
궁리부터 하셔야죠? ㅎ
헐…

나가사키
난징
상하이
가고시마
이후 페리는 홍콩行.
나하
광저우
홍콩
푸차틴은 마닐라行.
으어;;
마닐라

페리는 홍콩에서 머물며 해를 넘기고–

태평천국 북벌군이
베이징 코앞에
육박했습니다!
천국 도래 임박!
천왕님 믿고
구원받으세요!
만청지옥
태평천

1854년 1월, 다시 일본行.

올해 오랬으니까
시간 낭비할 것 없이
바로 간다!

아, 저기 음력으로
계산해주셔야;;

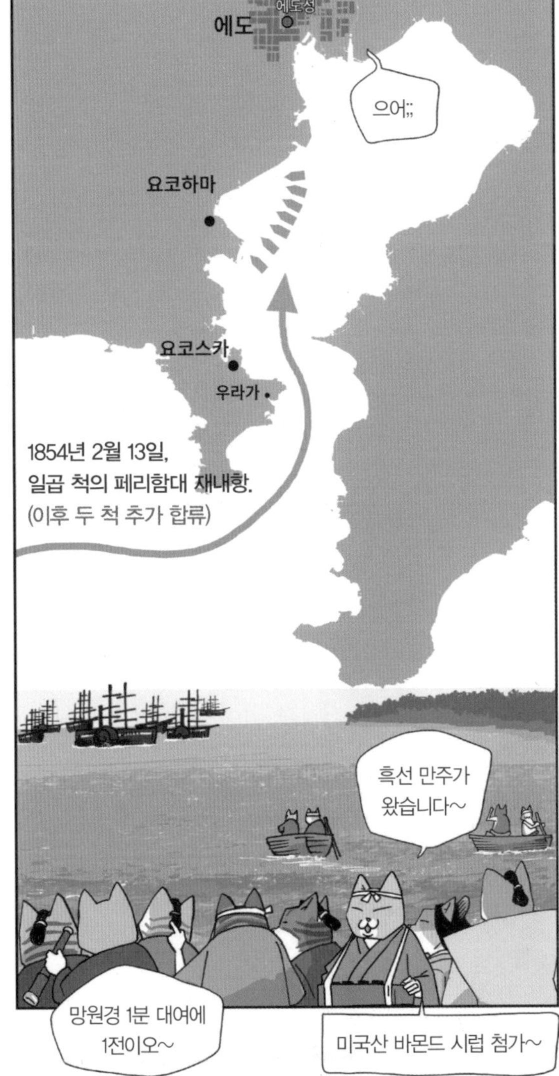
에도성
에도
으어;;
요코하마
요코스카
우라가
1854년 2월 13일,
일곱 척의 페리함대 재내항.
(이후 두 척 추가 합류)
흑선 만주가
왔습니다~
망원경 1분 대여에
1전이오~
미국산 바몬드 시럽 첨가~

미국과의 교섭 대표로 막부 학문소 소장인 유학자 하야시 호쿠사이가 등판. (대충 도쿄대 총장 격)
미리 정해놓은 방침대로 진행해야 하는데 말이 통할런지….
林復斎
하야시 호쿠사이
오랑캐라 할지라도 덕으로 대한다면 다 말이 통하게 되어 있습니다.

아니, 아무리 덕이 뛰어나도 영어의 벽을 넘어서 말이 통할 수는 없죠.
영어 통역을 쓰셔야 해요.
모리야마 에이노스케
존 만지로

모리야마는 나가사키에서 Mr. 맥도널드에게 영어를 배웠고,
만지로는 미국에서 10년 살다온, 준 네이티브죠.
I stand here today humbled by the task before us, grateful for the trust you have bestowed, mindful of the sacrifices borne by our ancestors.
We will face challenges. We will confront hardships, but we will get the job done.

아휴, 그리 상처될
말씀은 마시고;;
그런데 만지로는
10년이나 미국에 있었던지라,
미국 놈들 스파이 노릇
할지도 몰라요. (소곤소곤)

※ 실제로 제기된 우려임.

결국 모리야마를 회담장의 메인 통역으로 결정.

히어링이 약간
달릴 수도 있습니다;;
...

만지로는 막후 지원팀의 백업 통역으로.

아니, 딱히 만지로가
스파이 짓할까봐
의심해서만이 아니라-

모리야마는 유서 깊은
네덜란드어 역관 집안 자제로

고급 통번역 교육을 받은,
학식 있는 전문 통번역사.

그에 비해 만지로는 무학력.
한자 까막눈인지라
문서 작성 능력이 없다.
고급 외교·정치 용어에도
익숙치 않음.
크읅;;
양해각서?
아그레망?

사람은 공부를 해야
대접받는다!!

이후 만지로는
포경의 꿈을 접고
학업길에 매진.

에도성
에도
요코하마
3월 한 달 동안, 요코하마에서
미·일 간 협상 진행.
요코스카
우라가

협상 과정에서 페리가 데려온
프랑스 요리사의
서양식 만찬 접대가 있었고,

일본인들은 도미를 좋아한다죠?
이 아까운 참돔을 그냥 구워버리다니;;

※ 만찬 전날 나이프와 포크 사용법 특훈해 능숙하게 칼질.

일본 측은 답례 만찬으로
최고급 혼젠요리 정식 300인 분 배달.

3즙7채를 한 세트로 10세트!
요리 100개가 나옵니다요~
요리가 100개인데
고기가 없다고?!?

한 달에 걸친
협상(과 식사) 끝에–

1854년 3월 31일,
미·일 화친 조약 체결.

일단 미국이 바라던 대로
두 개 항구 개항하고 미국 선박과 선원 들의
안전·구난·보급이 보장되었습니다.
하코다테
나가사키+시모다와 하코다테를 개항.
각종 물자 보급, 저탄소 이용 가능.
일본 휴게소
에도
시모다
시모다에
공사관도 개설!
WELCOME
하지만 상륙시,
시내에서 5~7리 반경을
벗어나면 안 됩니다.

& 일본 측의 뜻대로 통상협정은 유보.

아오, 나
먹고 죽을 것도 없는데
뭘 사라고;;
뭐, 몇 년 후에
다시 두들겨보죠.

이 정도면 딱히 꺼림칙할 것 없는 내용이라–

대충 선방한 것
같은데–
이이요~
ㅇㅇ,
덕으로 교화한
덕분입니다.
미·일
화친조약
IN KANAGAWA

이후 다른 열강들과의 화친 조약들도 전부
이 미·일 화친 조약 내용을
복사&붙여넣기해서 체결합니다.

조약 체결 후, 페리는
일본 측에 전신기와
재봉틀, 미니 기관차 등의
신문물을 선물하며
서구 문명의
우월성을 과시합니다.

자, 이런 좋은 물건들 쇼핑하려면
다음에 얼른 통상 조약 맺읍시다!
이에 일본 측도
스모 선수와
도자기 등으로 맞대응.
일본에도 있을 건
다 있스모!

이후, 페리는 류큐로 가서
1854년 7월,
미·류 수호통상 조약을 체결.
하이사이!
ㅇㅋ! 나와!
미국 놈들이랑
엮이는 게 이 섬에
도움이 될까;;
TRADE

※ 그리고 4년 후 알콜성 간암으로 사망.

MEANWHILE

영국·프랑스가
러시아에 선전포고!!
딸꾹!
난징
상하이
나가사키
가고시마
나하
홍콩
마닐라

마닐라에 있던 푸차틴은 영불의 크림전쟁 참전 소식에–

황급히
캄차카의 러시아
기지를 향해 도주.

지구상에 대영 제국의
손이 닿지 못할 곳이 있는지
한번 시험해보시라!!

우주, 우주로
나가야 해!

페트로파블롭스크

캄차카를 향해 올라가면서
조선의 거문도에도 들러
주민들과 소박한 티타임.

조선의
순박한 정과 함께
차 한잔?

1854년 8월,
영불연합함대가
푸차틴을 추격, 북상.

북극곰 사냥
시즌 오픈!!
드푸앙 제독
프라이스 제독

하지만 오호츠크해는 영불함대에 익숙치 않은
바다였기에 푸차틴은 전쟁 기간 내내 여기저기
도망다니며 함대를 온존할 수 있었습니다.
좋은 말로 할 때
은신 풀어라~
…

1854년 8월 말,
영불연합군은 1,000여 명의 병력으로
페트로파블롭스크 요새를 공격.
페트로파블롭스크
뭐 일단 러시아 놈들의
페트로머시기 기지를
점령하면 되겠지!
공격!!!!!
세상 끝에 오신 걸
환영합니다~

9월 초, 영불연합군,
페트로파블롭스크 공방전 참패.
세상의 끝에서
우라를 외치다.
우라!!
우라질!!

※ 프라이스 제독은 전투 시작 시점에 권총 오발로 사망.

영불연합군의 극동 작전 서전은 그리 성공적이지 못했으니.

페트로파블롭스크
러시아 극동 기지들을
제대로 치려면 일단 가까운 곳에
보급항이 필요해….
하코다테
가장 적당한 곳은 일본인가….

So, 캄차카 공략과 동시에 1854년 9월,
영국 동인도함대 사령관 스털링 제독이
항구 사용 교섭을 위해 나가사키에 내항.

나가사키

Hello~
오하요우~

…드디어 서양
열강 끝판왕 등장;;

제임스 스털링 제독

우리가 러시아랑 전쟁하느라
가까운 보급항이 필요하거든요.
항구 몇 개 열어주시죠.
남의 앞마당에서
멋대로 전쟁을;

여기서 일본이 통역 오류로
영국의 보급항 사용 요구를
'전쟁을 위한 임시 개항'이 아닌
미국과 같은 일반 개항으로
받아들였다는 얘기가 있지만,

전쟁할랑께,
그 항구
잠깐 씁시다.
아, 미국과 같은
화친 조약을
원하시는군요!
예?

실제로는 러시아의 눈치를
살핀 결과라고 합니다.

호오… 영국에게
'러시아와의 전쟁에 쓸 항구'를
제공해주셨다구요오?
으어~
좋다.
아니, 아니; 그게
아니고요;;

이게, 어느 나라에나 똑같이 제공하는
일반적인 개항, 화친 조약입니다요!
물론 러시아에도 똑같이
제공될 수 있는 거입죠!!
잉? 그랬나?
전쟁용이 아닙니다~!
오호~

SO,

1854년 10월 14일,
영·일 화친 조약 체결.

근데 내게
조약 체결
권한이 있나?
내용은
미·일 화친 조약과
동일.
영일
화친조약

※ 이 영·일 화친 조약은 영국 의회에 의해 사후 승인됨.
스털링은 푸차틴을 놓친 책임으로 해임당하지만.

그로부터 한 달 후,
영·일 화친 조약 체결
소식을 들은 푸차틴은—

에도
시모다
1854년 11월,
영국함대의 감시를 피해
비밀리에 시모다항에 입항.
소문 다
들었음.

설마 영국이랑 편먹고 러시아를 적대하나요?!
어휴, 그럴리가요;
다른 나라랑 조약 맺으면 러시아랑도 조약 맺기로 한 약속 이행을 요구합니다!
각서
물론입죠! 하라쇼!!

1855년 2월 7일,
러·일 화친 조약 체결.
내용은 미국·영국과 동일.
사할린은 공동관리 구역으로.
쿠릴 열도는 우루프 섬과 이투루프 섬 사이를 경계로.
러·일 화친조약
뭐, 대충 이 정도로 하고, 나님은 영국 놈들 오기 전에 빨리 도망가야 함;;

내친김에 일본은 4월,
나가사키에 영국함대와 함께
내항한 프랑스함대에도
화친 조약을 제안.

프랑스 님들도 이 내용으로 화친 조약 ㄱㄱ 하십시다~!

아; 저기; 어; 음? 저에게 이런 조약에 도장 찍을 권한이 있을까요?
아니, 일단 인감도 안 가져 왔는데;;
외교 관련 무슨무슨 자격증 있어야 하는 게 아닌가?!
국제정치 교양 수업 들은 게 있었나?!
유로파 플레이 경력이 도움이 될까?!

아, 저기, 이거 제가 도장 찍을 수 있는 게 아닌 것 같고요;; 일단 본국에 알려놓을게요;;;

결국 모라벨의 거절로
불·일 화친 조약은 반년 후에
세실 제독이 내항해 체결한다.

장 바티스트 세실
아오, 쫄보 섀퀴 때문에 귀찮게시리….

1855년 11월 24일,
불·일 화친 조약 체결.
내용은 상동.

휴우~; 이걸로 일단 그 무섭다는
서양 열강들과 상견례는 대충 마친 건가~

마, 다 이 막부가 선방해서 이 정도로 좋게 좋게 된 거다.
화친 조약 내용이 국내 불만 세력들에게 딱히 크게 책잡힐 부분이 없어서 다행이야.
정말로 그렇게 생각하나?
화친 조약

이제 크림전쟁도 대충 끝물이라니까, 저 흉흉한 함대들도 슬슬 물러가겠지.
바깥일은 한숨 돌렸고.
쇼군家 후계 문제가 잘 정리되어야 파벌 싸움이 안 일어날 텐데….
드드드드든
음?

우콸!!!

뭐, 뭐냐!!
크림전쟁을
에도에서 벌이나?!

!

(안세이 2년) 1855년 11월 11일,
안세이 에도 대지진 발발
安政の大地震

※ 안세이安政: 당시 일본 연호.

제 8 장

정이대장군좌의 게임

1855년 11월 11일,
진도 7 지진이 에도를 강타.
7천~1만여 명 사망
가옥 1만 5천 채 파괴.

에도성은 화를 면했지만;;
모처럼 양놈들과
통교했는데 국제사회의
구호의 손길 같은 건 없는 건가.

다이묘 번저들 가운데 다수가 화를 면치 못했으니.

미토 번저가 붕괴해
핵심 참모 그룹 다수가 몰살.

크읅;;
자네들의 못 다 이룬 뜻,
내 끝까지 가져가겠네!

미토 번주
도쿠가와 나리아키(55세)

우선은 막부가
우리 번에 맡긴 과업,
군함 건조부터 완수할 것!!
에도의 스미다강 하구
이시카와 섬에 세운
미토 번의 조선소도
지진의 피해 막심.
(훗날의 IHI 중공업)
작업 재개!!

미토 번의 군함 건조는
지진과 비용 상승에 따른 백성들의 원망,
진수 실패–착저 등의 우여곡절을 겪고,
일자리 창출을
고마워하진
못할 망정!

1856년, 서양식 군함 아사히마루 준공!
(일본이 건조한 세 번째 서양식 군함)
旭日丸
네덜란드 기술과 자문에
힘입은 바가 크죠.
이미 증기선시대인
지금으로선 반세기 정도
뒤떨어진 구형 모델이지만….

이에 앞서 사쓰마 번도 1854년
서양 범선 쇼헤이마루를 준공했지만,
완성도 면에선 좀 떨어지죠.

원, 노고 많으셨습니다.

이제 저 아사히마루를 비롯한
막부 해군이 나라를 지키는
바다의 방패가 될 것입니다!

해군이 창설되는가!

ㅇㅇ. 네덜란드에
이것저것 주문했습니다.

200년을 썸 탄 네덜란드 제쳐두고
미국·영국·러시아·프랑스랑
먼저 다 도장 찍으시다니….

네덜란드라
네토라레드인가….

1856년 1월,
네덜란드와 화친 조약.

에이, 그래도 일본이
서양 놈들 중에 믿는 건
네덜란드뿐이죠!

그런 고로, 국가안보의 대업도
네덜란드에 먼저 상의하는 걸요!

1855년에 나가사키 해군 전습소가 세워지고
여기에 네덜란드가 군함을 한 척 기증.
1857년, 네덜란드로부터 두 척의 군함을 구입해 운용.
물건을 팔려면 역시
미끼 상품이 중요하지.

네덜란드 교관을 초빙해
일본의 1세대 해양 인력들을 양성한다.
괴혈병 예방에는
오렌지가 최고죠.

1856년, 서양 학문을 번역,
연구하기 위한 **양학소** 개설.

Lv99

번역기관인 **번서조소**에서
각종 번역서 발간 시작.

난덕들이 고대하던
난학 천지개벽 특이점이
도래한 것입니다!!

이제부터는 난학이
아니라 양학이라고!

가쓰 가이슈·사쿠마 쇼잔 등
국제 정세 식자 논객 들을
외무·국방 관료로 등용.

19세기, 일본의
랭크는?
언랭이지, 뭐.
피 튀기는 배치고사를
보게 될 것인가….

그리고 이제 슬슬
서양 놈들이 무역을 요구해올 것이니
이를 맞이할 준비를 해야 할 것.

Deal?!
딜!

일본도 늦기 전에
세계화 흐름에
합류해 무역으로
부를 일궈나갈–

***군함을 건조하고 힘을 키우는
목적은 오직 하나!!!***

***서양 놈들 다 쫓아내고
신주 일본의 순결함을
천년 만년 쇄국으로
지켜나가기 위함이다!!!***

서양 놈들이 일본에 스며드려는 수작을 서양 놈들의 총포와 군함으로 막는다!
헉?! 개항하는 게 아니었남?!
화친 조약은 무력을 갖출 시간을 벌 용도였을 뿐이다!
액취 쩌는 양놈들 이제 꺼져라!

인본주의니, 계몽주의니 자유니, 평등이니 하는 서양의 요사스러운 사상과 문물은 일본에 1그램도 스며들 수 없다!
아, 전 일뽕인데요~

攘夷
이 군함은 쇄국의 방패! 양이의 창칼이 될 것이외다!!
오오!! 양이! 양이!
저 영감탱이, 미친 것 같아요;; 어떻게 좀 ;;
하으아아아~

※ 양이: 서양 놈들 내쫓기.

개국파와
양이파의 갈등!

위기 극복을 위해 끌어들인
지방 세력과
기존 중앙 정치 세력의 갈등!

쓸개 빠진
매국노!

수구 꼰대!

아싸
OUT!

인싸 놀음
망국행!

아무튼
아베
물러나라!

정치판 큰일은 이제 좀
그만 다루고 싶네요;;

로주 수좌 노릇 계속하다가는
암 걸리겠어요;;

그러면 로주 수좌는
홋타 마사요시 공에게
맡기면 어떨까요.
ㅇㅋ,
마사요시 공.
대임을
잘 부탁합니다.
헉, 예?

시모사 사쿠라 번주
홋타 마사요시

마사요시 공은
사쓰마 번주에 버금가는
서양빠 난벽 투탑!
2차 산업혁명의 특이점이 오면
2D 그림이 움직이고 말하게 된다죠.
일본도 그 흐름에 합류해야죠!
WORLD

이 양반이 막부를 이끈다면
앞으로 닥쳐올 서양과의 통상 조약을
끝까지 밀어붙일 수 있을 것이외다!
Future is
open door!!
으어 안 돼!!;;
쇄국 포에버!

나리아키 영감이
배 까고
드러누울 텐데.
서양과 통상을 열려면
내 목을 날리고 가시오!
아, 나리아키 공은
정치적 야망 때문에
그리 강경하신 게죠?
WORLD

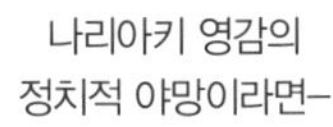
나리아키 영감의
정치적 야망이라면–

저 영감의
그 터무니없는
욕심 말이죠?!

자기 아들래미를 다음
쇼군으로 앉혀서
대원군 노릇 하려는 야심!!

도쿠가와 요시노부(20세)
나리아키의 차남

쇄국 양이를
부르짖는 대원군?!

근데 미토 번주 아들이
어떻게 다음 쇼군이 되죠?
어찌 그리되는지
도쿠가와 가문
쇼군직 승계 요강을
살짝 살펴봅시다.

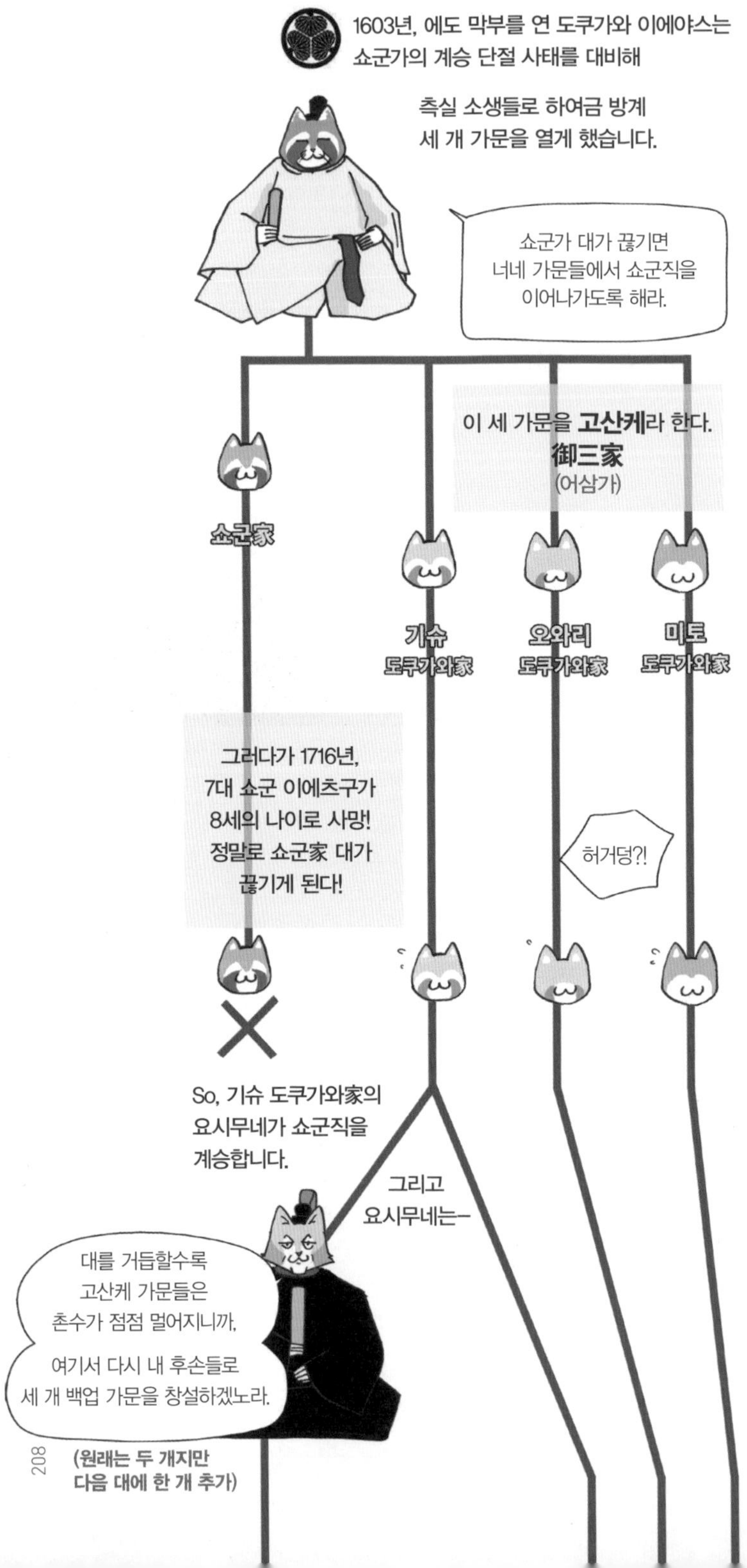

1603년, 에도 막부를 연 도쿠가와 이에야스는
쇼군가의 계승 단절 사태를 대비해

측실 소생들로 하여금 방계
세 개 가문을 열게 했습니다.

쇼군가 대가 끊기면
너네 가문들에서 쇼군직을
이어나가도록 해라.
이 세 가문을 **고산케**라 한다.
御三家
(어삼가)
쇼군家
기슈
도쿠가와家
오와리
도쿠가와家
미토
도쿠가와家
그러다가 1716년,
7대 쇼군 이에츠구가
8세의 나이로 사망!
정말로 쇼군家 대가
끊기게 된다!
허거덩?!
So, 기슈 도쿠가와家의
요시무네가 쇼군직을
계승합니다.
그리고
요시무네는-
대를 거듭할수록
고산케 가문들은
촌수가 점점 멀어지니까,
여기서 다시 내 후손들로
세 개 백업 가문을 창설하겠노라.
**(원래는 두 개지만
다음 대에 한 개 추가)**

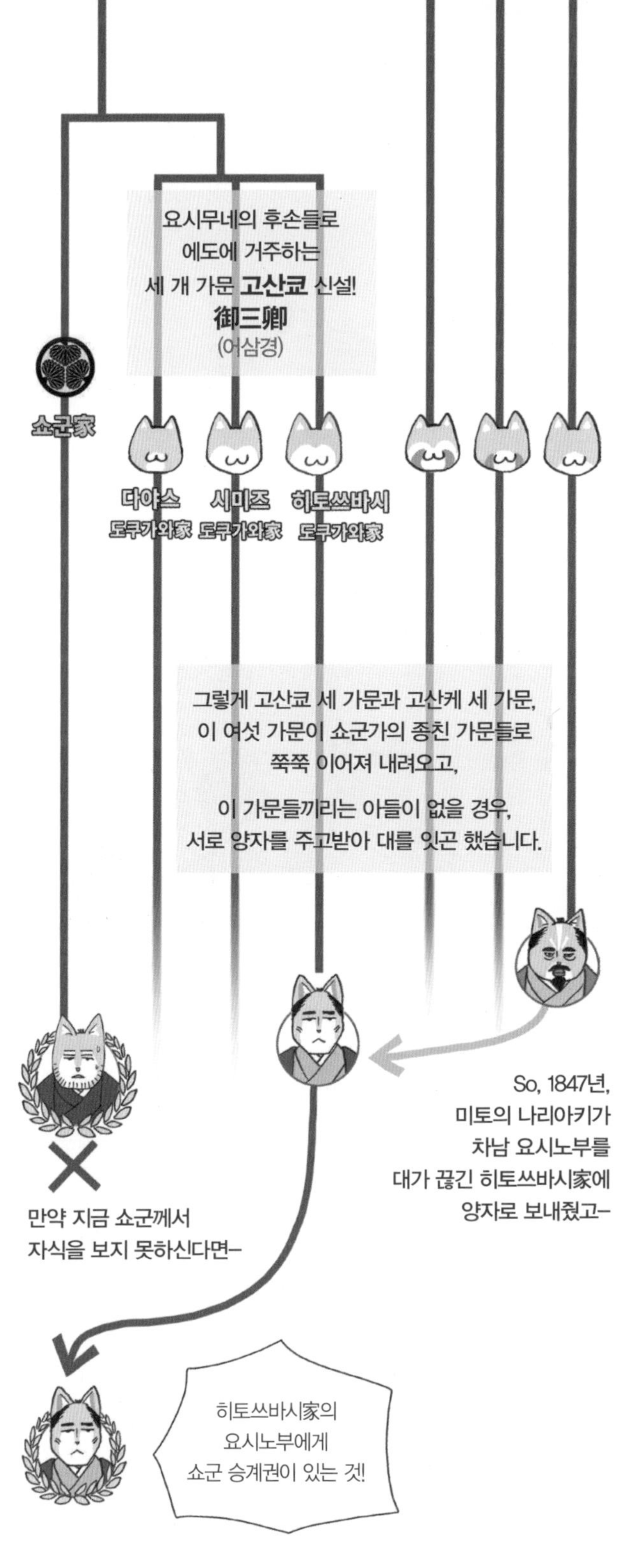
요시무네의 후손들로
에도에 거주하는
세 개 가문 **고산쿄** 신설!
御三卿
(어삼경)
쇼군家
다야스
도쿠가와家
시미즈
도쿠가와家
히토쓰바시
도쿠가와家
그렇게 고산쿄 세 가문과 고산케 세 가문,
이 여섯 가문이 쇼군가의 종친 가문들로
쭉쭉 이어져 내려오고,
이 가문들끼리는 아들이 없을 경우,
서로 양자를 주고받아 대를 잇곤 했습니다.
So, 1847년,
미토의 나리아키가
차남 요시노부를
대가 끊긴 히토쓰바시家에
양자로 보내줬고-
만약 지금 쇼군께서
자식을 보지 못하신다면-
히토쓰바시家의
요시노부에게
쇼군 승계권이 있는 것!

요시무네 공 후손이라는
측면에서 보자면–
히토쓰바시家가 가깝죠.
말도
안 되는 말씀!!!
요시무네 공
후손은 무슨!
결국 실제로는
댁 아들이잖수?!
히토쓰바시家에서
쇼군을 내야 할 무슨
당위가 있단 말이오이까?!

핏줄로 따지면
기슈 도쿠가와家의
이에모치 공이 가장 적격이죠!
기슈 도쿠가와家
도쿠가와 이에모치(10세)

'실제' 촌수를 따질 경우-

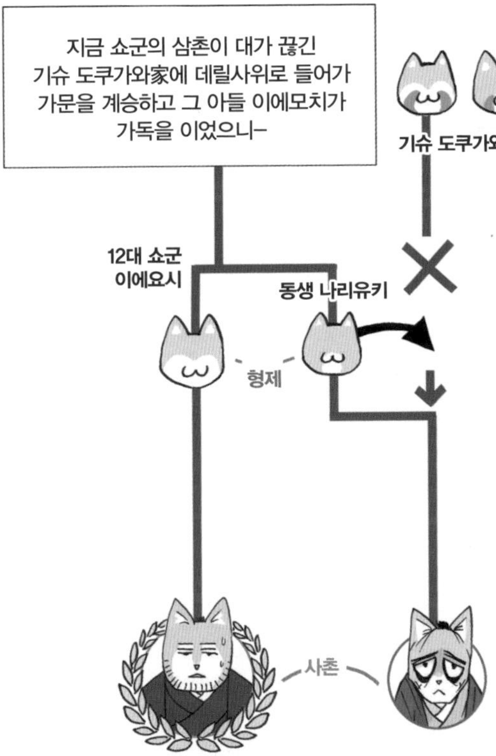

지금 쇼군의 삼촌이 대가 끊긴
기슈 도쿠가와家에 데릴사위로 들어가
가문을 계승하고 그 아들 이에모치가
가독을 이었으니-

기슈 도쿠가와家

12대 쇼군
이에요시

동생 나리유키

형제

사촌

지금 쇼군과 이에모치 공은
실제로는 사촌!
핏줄로 보면 가장 가까운
혈연이 아니오이까!

그에 비해 그쪽
요시노부 공이 지금 쇼군과
실제로 몇 촌인지는
계산도 안 되는구먼요!!

20촌
정도 되나?

御三卿
아니, 그리고 고산쿄라면 히토쓰바시家 외에도, 다야스家의 요시요리 공도 있잖습니까?!
아, 걔는 애꾸눈이라 안 됨.
헉?!
도쿠가와 요시요리(28세)

신군神君(이에야스)께서 남긴 유지를 분석해보자면,
미토 도쿠가와家에서는 쇼군을 내지 않는 대신, 어느 가문의 누가 쇼군을 계승할지 결정할 수 있는 권한을 부여받았소이다!
미토 도쿠가와家 당주인 나님에게 그 결정의 대임이 주어진 것이오!
그 유지의 진위에 대해서는 논란의 여지가 있는데요;

아, 진짜! 기슈의 이에모치는
지금 쇼군보다 더 병약하다고요!
이에모치의 각기병 진단서를
공개합니다!!
몸무게
20kg대라던데!
일단;; 저 이제
10세인데요;;
진단서
23kg

그에 비해 우리 요시노부는,
나님 아들이라서가 아니라
와, 어떻게 이런 잘난 놈이
도쿠가와씨에서 나와쓰까??!
이 내우외환의 위기에 이리
똑똑하고 튼튼한 쇼군 후보가 등장하다니,
하늘이 도쿠가와家를 버리지 않은
증거가 아니겠소이까ㅎㅎ
征夷大將軍
저, 그냥 쇼군
후계자 안 하면
안 될까요;;;

무엇보다!
나님이 얘 아기 때부터 철저히
제왕학 학습을 시켜왔소이다!
우와! 옛날부터
아주 야심
만땅이었구먼!!

잠버릇을 고치기 위해
베개 양옆에 칼날을 세워두고
재우기도 했지!!

※ 실화임.

아동학대
쩌네요!!!

존귀하신 여러 번주 여러분!

이 중차대한 시국에 각기병 환자 초딩을
쇼군 후계자로 맞이하시겠습니까,
OR
지덕체 완비, 준비된 쇼군 후계자를
맞이하시겠습니까?!

선동하지 마세요!!

SO— 막부 정치판은 쇼군 후계자로
요시노부를 지지하는 히토쓰바시파와
이에모치를 지지하는 난키파로 양분.

一橋派

(히토쓰바시파)

南紀派

(난카이도의 기슈파)

쟤네 때문에
막부 망한다!!

이때까지 정치판에서
소외되었던 아웃사이더 그룹.

이때까지 막부 정치를
이끌어온 중앙 정치 주도 그룹.

어, 근데
이 후계 다툼 정국에서
내 의견이 제일 중요한 게
아닌가요?;;
13대 쇼군
도쿠가와 이에사다(32세)

아니, 저기;
내가 자식을 남기지 못한다는 걸
당연한 전제로 깔고
저리 투닥거리는 건 조금
실례라는 생각 안 드나?!
덜컥 자식 나오면
어쩌려고?!

전하…
자신을 속이지 마세요….
음…;

정실부인 **아쓰히메**(20세)

저희 친정(사쓰마 번 시마즈家)에서는
요시노부를 밀고 있는데요.
걍 요시노부로 찍으시죠?

아니, 저, 요시노부의 아버지– 나리아키 영감 말이야….
그 양반이 평범한 권력욕으로 자기 아들을
미는 거라면 뭐 아무래도 상관없지만–
으헤헤헬~
부와 권력!
…평범한 권력욕이 아니오.

그 양반은 이데올로기에 절어
그 이상을 실현하기 위해 권력을 갈구하는
이념쟁이지.

이것이
대의다!!

그 이념이란 바로
미토학!
水戸学
쇼군께서는 가끔 이렇게
정신이 돌아와서
똑똑하실 때가 있더라고.
大日本史

미토콘드리아를
연구하는 거야!
Meet_학!!!
Meat학은
고기에 대한
철학입니다!
오래 안 가지만.

※ 미토학: 미토 번을 중심으로 주자학과 국학의 융합으로 형성된 학문.

굽씨의 오만잡상

IHI

Ishikawajima-Harima Heavy Industries

도쿠가와 나리아키가 맡았던 이시카와 섬의 조선소는 훗날 일본 3대 중공업 회사 중 하나인 IHI 중공업으로 발전하게 됩니다. 오늘날 IHI는 항공기 엔진, 터보, 발전 장비 등의 산업용 거대 기계, 항공 우주 산업, 첨단 토건 등으로 명성을 떨치고 있습니다. 그 뿌리였던 조선소는 일본 조선 산업의 쇠락으로 문을 닫는 일도 있었습니다만, 어찌어찌 군함 건조 부문은 오늘날까지 이어져 내려와 구축함과 이지스함을 찍어내고 있으니, 군함 건조라는 근본을 잘 계승했다고 나리아키라도 저승에서 흐뭇해하고 있겠지요.

청 황실, 조선 왕실, 일본 쇼군가 모두 19세기 쇠락기에 접어들면서 적손이 귀해지지요. 손이 귀해지면서 가문이 기울고, 그 가문이 다스리던 체제가 기우는 모양새가 동양3국에 동시에 발현됩니다(이 또한 일종의 공명 현상 아닐까요). 한때 강성해 천하를 말 위에서 탈취했던 가문들이 오랜 온실 생활 끝에 결국 저리되고 마는군요.

사실 일본에서는 혈통보다 가문의 이름 계승을 더 중시했기에 방계-양자 승계에 대해 중국·조선에 비해 거부감이 덜한 편이었습니다. 오늘날에도 데릴사위나 외손자의 가업 계승이 드물지 않죠. 18세기에는 여자 천황도 나왔었으니 말입니다.

뭐?! 미래에는 여자는 천황이 못 된다고?!
고사쿠라마치 여황 재위 1762~70
뭐, 물론 여자 천황은 나올 수 있어도 여자 쇼군은 절대 못 나오죠;
만화에서야 여자 쇼군이 많이 등장하지만…
오오쿠
우리 집안을 이제 귀한 피가 이어가리이다.
가난한 사무라이 집안의 N째 아들이 부유한 상인 집안에 양자로 가는 건 거의 뭐 클리셰일 정도.

제 9 장

막말 학문 내막

사무라이의 나라 일본!
侍
일본을 이끌어가는
무사 엘리트 계층!

하지만 전란이 다 지나간
평화기에 어찌 칼로
나라를 다스릴 수 있겠소?
…

그래서 이제
사무라이도
붓을 들었습니다!
올ㅋ
샥

17세기, 오랜 전란의 시대를 종결짓고 열린
에도 막부 250년의 치세.

사무라이들의 임무는
전쟁에서 행정으로 변경되었습니다.

칼은 이제 봉투 뜯을 때
빼고는 쓸 일이 없죠.
어반컬처를 즐기는
세련된 샐러리맨으로서의
사무라이 이미지를
키워갑시다.

에도에서 막부로부터 녹봉을 받는
막부 직속 사무라이들이 있고,
하타모토 5천~7천.
(상급 막신)
고케닌 약 2만.
(하급 막신)

지방 260여 번에는
각 번에서 녹봉받는 사무라이 250여만 명.
바글바글
일본 인구 3,400만에
녹봉받는 공무원 숫자가 250만?!
인구의 7.5퍼센트???!
저거 월급
어떻게 다 주냐?!
큰 정부 쩌네!!
동시기 조선의 인구 대비
녹봉받는 공무원 비율은 1.9퍼센트.

다스리고 벗겨 먹을 영지를 하사받은
극소수 금수저 사무라이들을 제외하면–

금수저라뇨?!
영지 백성을 잘 다스려야 할
막중한 책임감의 멍에죠~ㅎ

대다수 사무라이들은 병농분리 정책에 의해
토지 소유가 전면 금지된 채, 녹봉으로 받는
쌀로 먹고살아야 하는 것.

거주도 번주님 성이 있는
시내에서만 살아야 해;;
사무라이
접근금지
농토

※ 강요된 도시 라이프.

이 녹봉 또한 소수 고액 연봉자를 제외하면
다수의 하급 사무라이들은 간신히 입에
풀칠할 정도의 쌀만 지급받고 있는 것.

그리고 몇십 년간 임금 인상
없는 판국에 쌀 이외의
물가는 계속 요동치고;;

때문에 다수의 사무라이들은
항상 생활고에 시달리고.
에도로 참근교대 수행 가면
진짜 빚내서 빚 갚으며
간신히 살아가는 거죠;;
카드 한도 초과
뜨는데요.

하면, 고연봉 직위를 향한
렙업을 꿈꿔볼 법도 한데—

출세!!

과거제도와 표준 관료제로
엘리트 계층에게 렙업 기회를
제공하는 중국·조선과 달리,

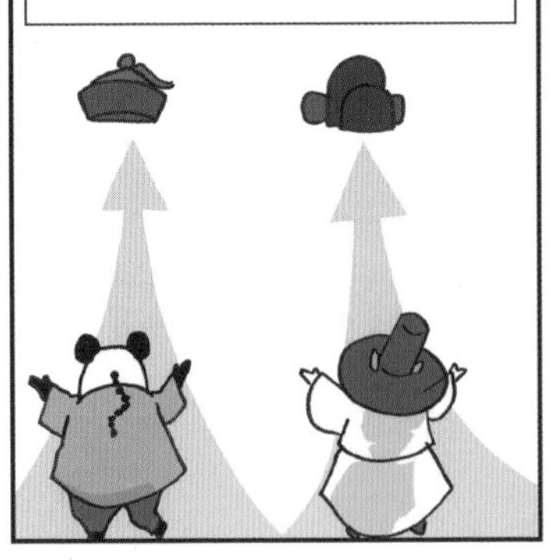

일본에는 과거제도와
표준 관료제가 없어요;;

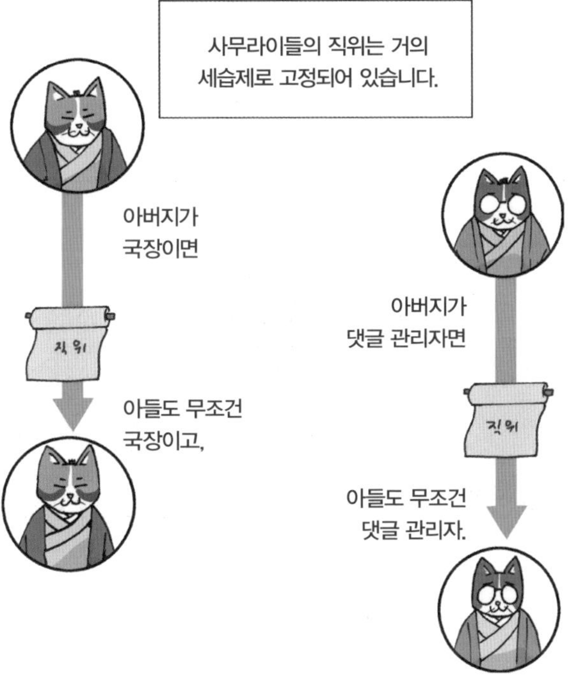
사무라이들의 직위는 거의
세습제로 고정되어 있습니다.
아버지가
국장이면
직위
아들도 무조건
국장이고,
아버지가
댓글 관리자면
직위
아들도 무조건
댓글 관리자.

한 가문이 한 직위를
계속 맡으면 그 가문의
업무 전문성이 쩔지 않겠어요?
이것이 바로 일본 특:
대를 이어가는 장인정신의
관료 버전!
직위가 개인의 능력에
따른 것이 아니라
가문에 주어지는 것이니….
사무라이 사회에서 개인이
가문의 한계를 넘어서는 건
극히 드문 일이죠.

뭐, 그래서 무슨 5대째 이어져 내려온 명가 국숫집에 가도 딱히 감명 깊지 않은 것.
나님도 5대째 이어져 내려온 식품 위생 관리관이거든.
응? 그럼 차남 이하 아들들은 어쩌죠?

개인의 욕망을 봉인하고,
태어나면서 주어진 사명에만
충실하게 살아가도록 꽉 짜인
에도시대 사무라이 시스템.

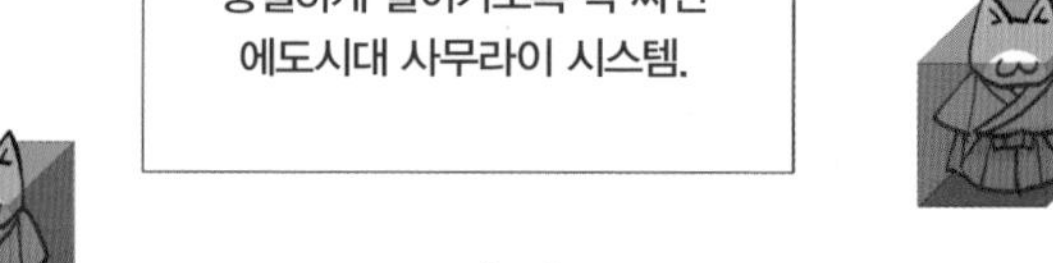

개인의 넘치는 욕망들이 모두 실현될 수 있다고
사람들을 현혹하던 전국시대,
그 얼마나 끔찍한 전란의 시대였던가.

참혹한 거짓 희망의 지옥을
두 번 다시 일본 땅에 들이지 않으리이다.

모두가 욕망 없이 짜인 틀에 충실히 살아간다면
이 고요한 평화, 어찌 억겁을 누리지 못하리오.
욕망의 엔트로피 종말.
열평형 이후의 조용한 세계.

처음과 끝이 모두 정해진
틀 안에서의 소소한 삶.

욕망 없이 만난 행복이야말로
진정한 행복이랍니다.

하지만 변화의 바람은
다양한 측면에서 스며들고.
이양선 도래
경제 발전
변화상
막부 약화

그중에서도
가장 오랫동안
가장 깊이 스며든 향기.
儒學
유교 향기 쪼금만
맡아봐라~
유학!
씁- 파하!
씁- 파하~!
콩카콩카
유교라니!
어찌 알았겠는가!

그 사정을 볼작시면–

전란의 시대가 끝나며
사무라이들의 전쟁 스킬들은
쓸모없어지고,

시원섭섭
스킬 초기화.

이제 행정 스킬들을 찍는데,

행정, 문서 작성 정리 능력. 플랜,
보고서, PPT, 색인, 각종 양식.
워드, 엑셀, 한글JP.

그리 문서 관련 스킬들을 쌓다보니,

분당 1,000타 찍는데
오타가 하나도 없더라니까!
천타무적!

자연스럽게 논술 특강스러운
문사철 소양(글·역사·철학)이 사무라이
교양 레벨의 척도로 자리잡은 것.

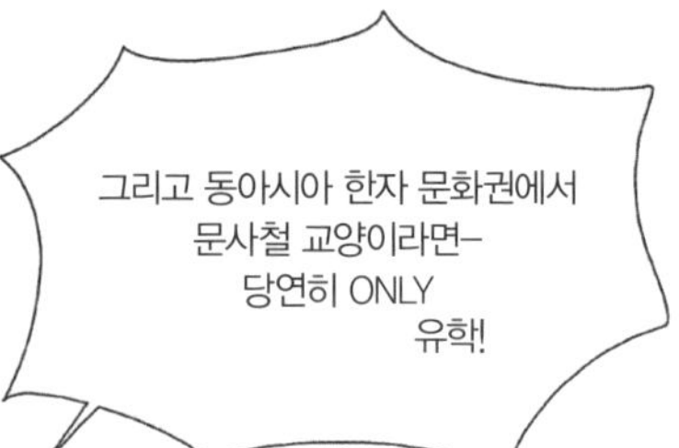
그리고 동아시아 한자 문화권에서
문사철 교양이라면-
당연히 ONLY
유학!

예아!
유교 한류다!

막부 입장에서도 유학은 사회 안정화에
적합한 보편 이데올로기.
밑엣놈들 얌전하고
충성스럽게 만드는 데에
유교만한 게 없다지.

18세기 초에는 일본 유학을 대표하는
대유大儒(큰 선비) 오규 소라이가
막부 정치에까지 훈수를 두며
유학의 위상을 드높였습니다.

荻生徂徠(1666~1728)
유학은 실제 정치를
뒷받침하는 이데올로기로서
기능해야 합니다!

1703년 주신구라 사건이 터졌을 때,
오규 소라이의 자문에 따라
마흔여섯의 낭인이 배를 갈랐죠.

복수극이라니!
미개하다!
미개해!!

47 RONIN

오규 소라이의 학설은
조선에도 전해져,
정약용이 이를 극찬.

쩐다!!

오규 소라이의 고문사학파를 비롯한
일본 유학의 여러 갈래 흐름들이
티격태격하며 공부의 깊이를 더해가고,

옛 선현의 慕愛化
어디까지
허용할 것인가.
娒嫒慕愛 유학은
감히 논할 수 없다.

또한 나카에 도주 이래
양명학파의 흐름이
사회 개혁 사상으로
일본 유학의 큰 흐름을
만들어갔습니다.

이기 어쩌고 주자학
현학 놀음은
세상에 도움 ㄴㄴ!

입신양명을 원한다면
넌 양명학파야!

BUT 최종 승자는
결국 주자학.

막부는 쇼헤이자카 학문소를 세우고 주자학 명문
하야시家가 필두를 맡게 해 주자학을 관학으로 밀어줬습니다.
昌平坂學問所 (1797)
(1790)
이학금지령
주자학 외의 유파는
사이비 이학
사문난적이다!
으억;;

※ 페리 내항 때 협상 대표로
나선 그 하야시家.

ANYWAY

유학이 일본 전체에 널리 퍼지면서,
여러 번에서도 유학 학교를 세우고
간혹 인재를 필요로 할 때,
학교의 학식 높은
학생을 등용하게 되었습니다.

자서전 대필해줄
글빨 좋은 놈 좀 있나.
골라보시죠!

주자학 석사,
사서삼경
강의 자격증,
워드 1급.
채용

검도 7단,
아시안게임 사격
은메달리스트,
화염 권사 만렙.

무력이 아닌 학식이 능력의
가장 중요한 척도가 된 사무라이 사회.

19세기에 이르러서는 막부에서도
과거시험 비스므리한 소규모 채용고시를
시험 삼아 행했으니.

주의:
컨닝 적발시 할복

막부 말기 사무라이들이
얼마나 유학 공부에 매진했을지
짐작할 수 있겠죠.

꼭 출세를 위해서가
아니더라도,

유학
이

이 꽉 막힌 틀로
이루어진 막번 체제.

그 안에 갇힌 젊고 가난한 사무라이들에게

유학
이

유학은 그 틀을 초월하는 광대한 보편 우주를 제시해줬습니다.

論語
孟子
易經
禮記
大學
中庸
性理
詩經
尙書
理氣
孝經
格物
致知
巨儒
明德
禮記
治國
平天下
修身
齊家
CONFUCIANISM

이 유학 월드에 접속한 사무라이들은
막번 체제 말단의 보잘것없는 부속품들이 아니라,
유학의 이상을 추구하는 충의지사들이며,
천하의 앞날에 웅대한 비전을 제시하는
동량지재일 수 있었던 것입니다.
유학 월드에 접속한 사무라이들은
지위고하를 떠나 학문적 이상으로
연대하는 학우들이죠!
유학

일본 애들은 열정만으로 저렇게
열심히 유학 공부해서 그 학문의
광렙이 눈부신데,

조선의 선비란 놈들에게 유학은
과거 시험 족집게 예문집이고
정쟁용 저격 재료일 뿐인 지 오래.
앞날이 걱정된다!

죽어라!
사문난적!!

HACK
CHEAT

MEANWHILE

유학 외의 다른 학문들도 잡다하게 흥기-

불교, 각종 경세학, 노동 윤리, 마샤아츠 등등,
검객도 결국 책 잘 쓴 놈이 전설의 검호로 후대에 길이길이 남는 거죠!

이미 큰 흐름을 이루고 있던 난학과
유학을 융합한 조리학이 등장하기도.
블랙홀의 중력이 氣고, 정보가 理다!
條理學

미우라 바이엔(1723~89)

원래 유학의 한 일파로, 일본의 옛 고문들에 대한 연구로 시작된 국학은-
國學
우리네 조상님들도 좋은 드립 많이 남기셨다고요.

점차 '중국'의 유학과 구별되는 '일본'만이 가진 고유성의 조합을 추구하는 학문으로 나아갑니다.
일본인이 왜 중국 학문을 숭앙하는가! 우리네 것을 더 소중히!

일본 태초의 모습을 연구해보니
태초에는 이념도 계급도
세금도 없었더라.
나쁜 건 다 대륙에서 들어왔지!
자연으로 돌아가자!!

가모노 마부치(1697~1769)

대륙의 황통은 완전
개나 소나 타이틀 아니냐.
그에 비해 일본의 황통은
만세일계!
'중국'이라는 칭호는
일본에 더 어울리는
국명이지!

야마가 소코(1622~85)

진구황후의 삼한 정벌 이래
한반도는 원래 일본에
조공했던 곳이다!
히데요시의 조선 정벌
큰 뜻을 재평가!

모토오리 노리나가(1730~1801)

일본은 신국이야!
神國! 즉 태초의 이데아가
이어진 유일한 나라!
인류 문명의 추존원이지!

히라타 아쓰타네(1776~1843)

인류 문명의 시초이자
완성체인 일본이 전 세계
천하통일 대업에 나서야 한다!
세계 정복 100년 계획의
첫걸음, 만주와 조선부터!

사토 노부히로(1769~1850)

뽕 무섭네;;;

물론 저렇게까지 미친 소리는 국학계 내에서도 진지하게 받아들여지지 않았지만.

점차 세계와 일본을 인식하기 시작하던 젊은 사무라이들에게 국학은 국수주의의 씨앗으로 훌렁 입식되어 그 싹을 틔우고.

그렇지!
재팬 넘버 원!
國
어차피 19세기는
내셔널리즘의
시대 아닙니까.

국학은 유학과 함께 막부 말기 사무라이들의 이념계 양대 기둥으로 자리 잡습니다.

그런 분위기 속에서
미토 번에서는 200년째
제작 중인 책이 있었으니-

미토
에도

1657년, 고산케인 미토 도쿠가와家에서
《대일본사》 편찬 프로젝트를 시작합니다.

대륙의 왕조들도
천하통일하면
일단 역사책 정리부터
들어간다고 하더라.

도쿠가와 미쓰쿠니(29세, 미토 고몬)

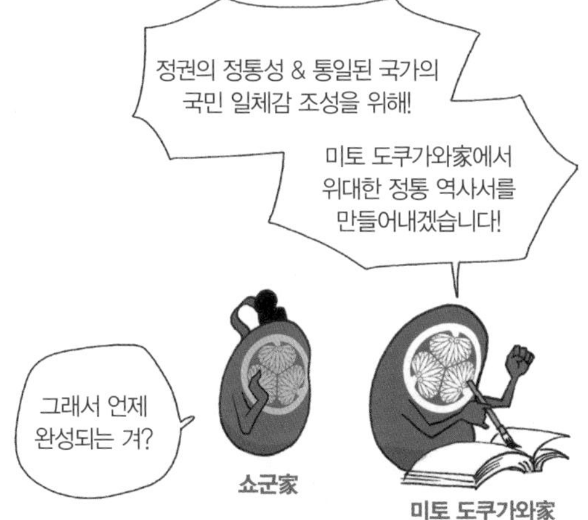
정권의 정통성 & 통일된 국가의
국민 일체감 조성을 위해!
미토 도쿠가와家에서
위대한 정통 역사서를
만들어내겠습니다!
그래서 언제
완성되는 겨?
쇼군家
미토 도쿠가와家

대일본사 편찬을 위해 미토 번에 모인 학자들은
200년간 집필 방향에 대해 숙의하며 그 자체로
하나의 학파를 이루게 됩니다.

마감 없는 작업이
이렇게 위험합니다.
大日本史

긴 세월 동안 여러
학문 사조들을 접목시켜온
이 대일본사 프로젝트는—
유학
한 스푼에,
국학 한 컵—
유학
국학
미토학

이윽고 미토학이라고
불리게 됩니다.

水戸学
유학과 국학!
통섭이다!
大日本史

9대 미토 번주 도쿠가와 나리아키의 열정적인
푸시로 프로젝트가 다시 탄력을 받는 와중에-

에도 대지진으로 프로젝트 총괄 책임자
후지타 도고가 사망하는 아픔을 겪기도.

아무튼-
유학과 국학이라는 양대 메타를 섞은 미토학은
막부 말기 사무라이 사회의 주류 담론이 됩니다.

水戸学
大日本史
미토 놈들이 살짝 미친놈들이긴 하지만….
일단 도쿠가와 막부에 충성하는 이념이니까 안심하고 빨 수 있지.

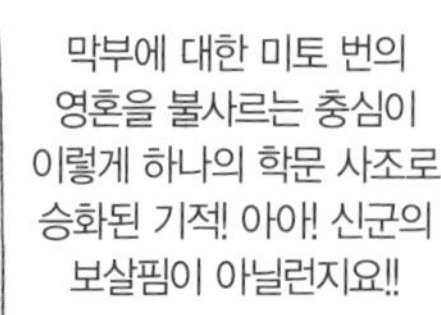
막부에 대한 미토 번의
영혼을 불사르는 충심이
이렇게 하나의 학문 사조로
승화된 기적! 아아! 신군의
보살핌이 아닐런지요!!

…

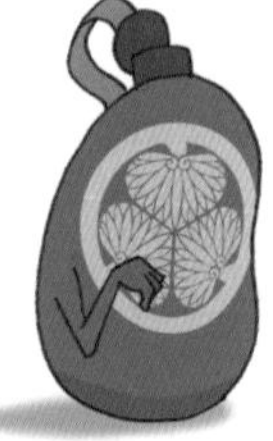

※ 막부 중앙 정계는 미토 번의
저 오버스러움을 언제나 껄끄러워했다.

자, 이 미토학이
제시하는 방향으로
정치를 이끌어간다면
막부의 치세는 앞으로도
천년만년 탄탄대로입니다!

어, 음….

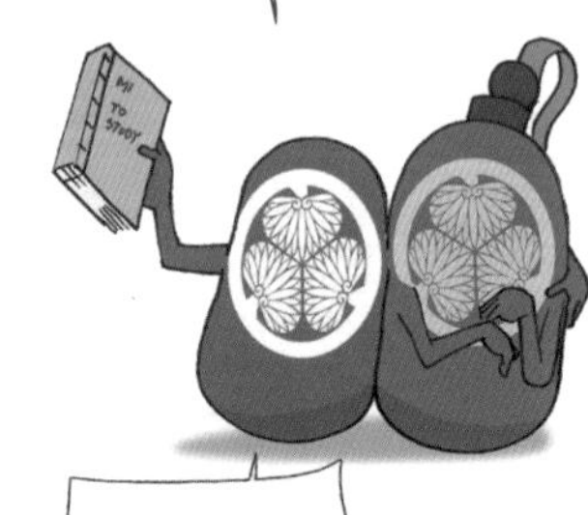
자, 그 핵심은
무엇인고 하니!

존왕양이
尊王攘夷
KING JOHN

존왕!
임금을 잘 받드는 것!
尊王

攘夷

양이!
오랑캐를 쫓아내는 것!

이 두 가지만 기억하면 됩니다!
간단하죠?!
어, 그,
'임금'이라면….
에도
교토
오사카
교토의 그분?
ㅇㅇ!

京都
교토

京都御所

교토 어소(황궁)

미토학의 이념대로 가장 존귀하게
받들어 모셔야 할 임금님은–

미토학 개론

당연히 미토학의
강력한 신봉자가 됩니다.

미토학!!
이거 진짜 초맞말!
ㅇㅈ! ㄸㅇㅈ!!

키에르케고르
(1년 전 사망)
쌈 싸 먹는
대진리다!!

미토학

孝明天皇
고메이 천황(26세)

제 10 장

막번 체제 내막

1856년 7월, 미국 외교관 타운센드 해리스.
시암 왕국(태국)과 미국 간의 통상 항해 조약 체결.

광저우
시암
방콕
베트남
그쪽 국왕께서 영화 〈왕과 나〉의 주인공 모델이시라죠? 율 브리너 존멋.
억, 우리 국왕 폐하 대머리 아닌데요 ㅋㅋ

※ 당시 태국 국왕은 라마 4세.

Townsend Harris(52세)

그리고 해리스는 곧바로 일본으로 직행, 초대 주일 미국 공사로 시모다에 착임한다.
에도
교토
오사카
시모다
근데 어째서 낡은 절을 공사관 건물로 제공한 걸까.
해리스라서 해리스님이니까?
해리스님~

교쿠센지玉泉寺

해리스는 곧바로 시모다 부교(지방장관)를 만나
시모다 조약을 체결하고 협의를 이어나간다.

시모다에 들르는 미국인들의 재판권은 미국 공사에 있다는 거 ㅇㅈ?
상륙 허가 구역 안에서라면야, 뭐. ㅇㅈ.
아, 그리고 외교관이 임지에 부임하면 주재국 국가 원수에게 우리 대통령의 신임장을 직접 제출해야 되는 거 아시려나 모르겠네요-
예??

지난번에 미국 대통령이 바뀌어서 이 신임장은 피어스 대통령 명의로 되어 있죠.

美 14대 대통령 프랭클린 피어스

자, 이 신임장을 느그 쇼군께 바치러 에도성으로 갑시다!
아, 저기, 잠깐, 그건 무리데스네!

아니,
왜 안 된다는 거?
외교 방식에 대한
우리 콘셉트가
아직 정립 안 되었어요….
어, 그러면 이참에
통상 조약도 맺으면서
콘셉트 잡으면 되겠네요.
뭔 말도 안 되는
소리를;;

협의는 해를 넘기며 계속되고.

구구구
근데 이 섬은 진짜
지진이 잦구먼요!
에도 대지진 등
요 몇 년 지진이 빈발해,
서양인들이 지진 몰고 왔다고
민심이 흉흉하다고요!

어, 그럼 지진
구호 성금 전달하게.
에도성으로-
아, 글쎄 괜히 에도에
들어갔다간 칼침
맞는다니까요;;

후; 열 달 넘게 협의를 이어나갔지만,
역시 대포 없는 포없찐 외교관은
존중받지 못하는 것인가….
페리 놈은 그냥 군함 몰고 와서 대포 몇 방
쏘는 걸로 퀘스트 완료했더만… △β…

번뇌로다,
번뇌야….
통역관 헨리 휴스켄(25세)
과연 그 번뇌는 어떤
욕망에서 비롯된 것일까요?!

공사 님께서 18세 소녀를 현지처로
두고 있다는 사실이 미국에 알려지면
번뇌는 Burn 뇌行!
비난과 파국, 사회적 평판의 대재앙!
공사관 파견 게이샤 오키치(18세)

현지 처 아니라고!!
간호사 겸 메이드를 보내달랬더니
시모다 부교가 게이샤를 보내줬어!!
그게 그거
아닌가요?
노렸네.
아니야!!

일단 저 게이샤가
일본 측 정보원인 게
너무 뻔하잖아;
여자 정보원과
외교관이라면―!
찰칵
찰칵

뭐가 그리
고민이신가요,
공사님.
비밀 영상으로
협박받고 계시다면
일단 저한테 먼저
보여주시고―
쿵

대체 막부의 어디를 어떻게
공략해야 쇼군을 만나
통상 조약을 맺을 수 있을지
고민이야~

그러려면 막부에 대해
좀더 공부하셔야겠군요.

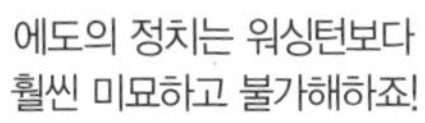
에도의 정치는 워싱턴보다
훨씬 미묘하고 불가해하죠!

일본을 지배하는
에도 막부와 지방 다이묘 들의 번!
막번 체제!!
막 번 체제야?
세금으로 돈을
막 벌었나?
양키 센스 후지네.

쇼군家인 도쿠가와 가문의
에도 막부가 일본의 중앙 정부!

저 위 지도의 검은색이
막부 직할령입니다.

그리고 막부에 충성을 맹세한 다이묘 가문들이
지방 260여 개 번을 다스립니다.

경기도만한 크기의 대형 번에서부터
일산 동구 규모의 아담한 번까지 다양하죠.

번주의 다이묘들은 말 그대로
미니 왕국을 다스리는 작은 왕들입니다.

번의 사법·행정·재정 등등
거의 모든 통치 시스템을
독자적으로 굴리고 있죠.
막부에 상납하는
세금도 없습니다.

가문 대대로 충성하는 번의 사무라이들로
막강한 군사력까지 갖추고 있는 것!

BUT

그런 지방자치가 보장되는 대신
막부의 번 통제 수단도 꽤 빡빡한 것.

조금만 잘못해도
영지 몰수라고요.

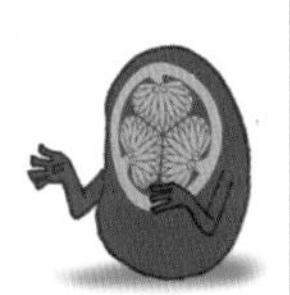
큰 자유에는
큰 책임이 따르지.

각종 공사 사역을 맡겨서
개고생 시키고.

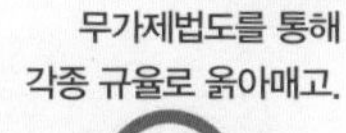
무가제법도를 통해
각종 규율로 옭아매고.

무허가 혼인 금지라든가
성 개축 금지라든가
화폐 제조 금지라든가
무역 금지라든가
무허가 입양 금지라든가
잘난 척 금지라든가

가장 지독한 건 **참근교대.**

다이묘들이 1년은 영지에서,
1년은 에도에서 살도록 강제합니다.

参勤交代

가신단 수백 명 데리고
해마다 천리행군이여!

뭐, 이 참근교대로 대규모 인원이 돈 뿌리며
계속 오고 간 덕분에 교통과 물류, 경제 발전에
큰 기여를 하긴 했습니다.

가족들이 (볼모로) 머무르고,
다이묘 자신도 인생의 절반을
머물러야 하는 에도의 번저.
이 번저 유지비가 어마어마한 것.
※ 번저藩邸: 다이묘의 에도 저택.
에도 물가
개비싸네!
스모 대회 협찬은
왜 해야 하는데?!

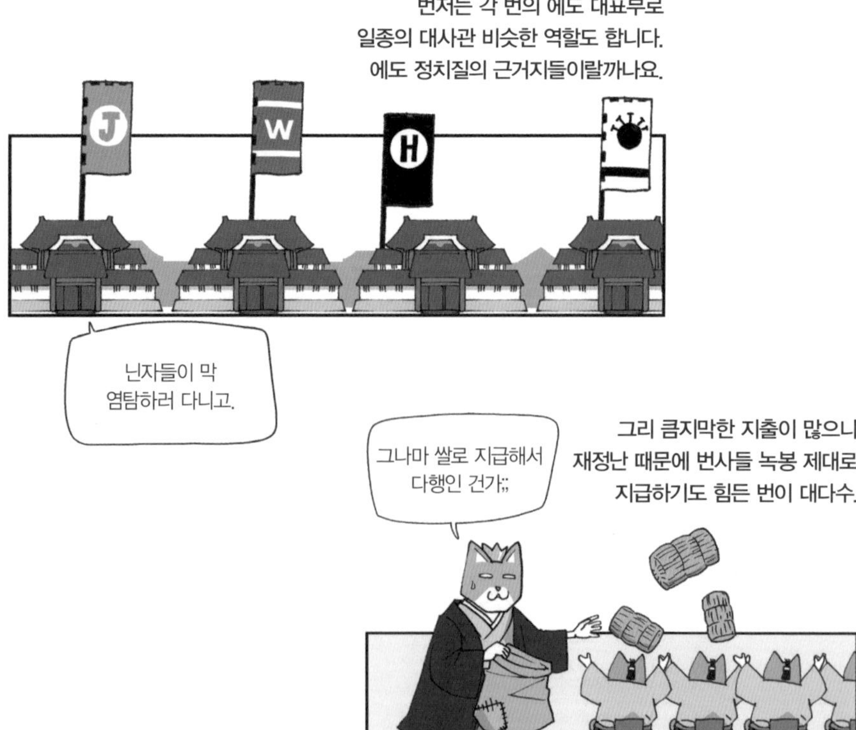
번저는 각 번의 에도 대표부로
일종의 대사관 비슷한 역할도 합니다.
에도 정치질의 근거지들이랄까나요.
J
W
H
닌자들이 막
염탐하러 다니고.
그리 큼지막한 지출이 많으니
재정난 때문에 번사들 녹봉 제대로
지급하기도 힘든 번이 대다수.
그나마 쌀로 지급해서
다행인 건가;;

막부 말기에 이르면
모라토리엄 한 번 겪어보지 않은 번이
드물 정도가 됩니다.

크앗!
상인 놈들 빚 따위
떼먹어주마!!

물론
도쿠가와 가문과의
친분 여하에 따라
번의 위상과 대접은
천차만별.

...

어이구, 요즘 재정 상황이
안 좋다니, 지원금 좀
받으시게나.

뭐, 임마.
빨리 광물 캐다 바쳐.
...

가장 꿀 빠는 번들은—

당연히 쇼군家의 친척 가문들!
도쿠가와씨, 마쓰다이라씨 번들이죠!

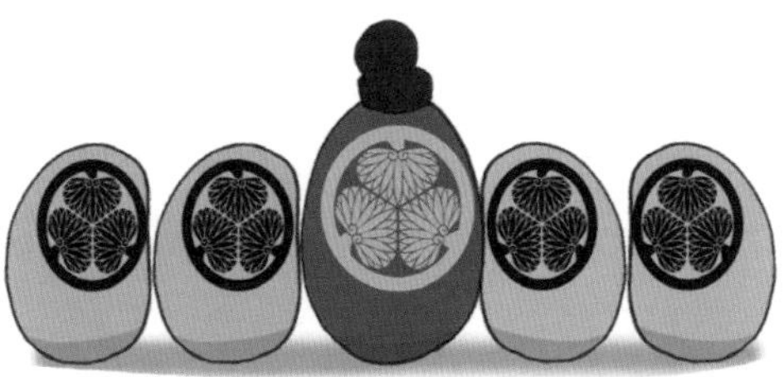

이들을 **신 번**이라 합니다.

親藩

일본에서 제일 좋은 땅들
&
전략적 요지들을 차지하고 있습니다.

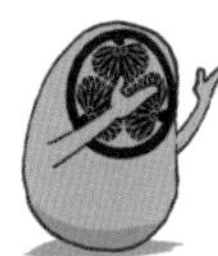
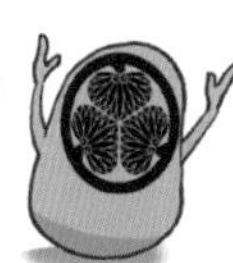

중앙 정부 지원금도
마음껏 퍼가세요~!

이들 중 고산케 등의
도쿠가와씨 다이묘들은
종친은 정치에 관여치 않는다는
일반론도 있어서-

에도 중앙 정치에 그리
크게 관여하지 않는 편이죠.

나님은 중앙 정치 엄청
좋아하는데~!

쇼군가를 위해 정치로
봉사하겠습니다!

하지만 미토 번은
끈질기게 중앙 정치에
질척거림… 눈새…

M

신번 다음 클래스는 **후다이 번**.

譜代藩

도쿠가와家가 개털이던
시절부터의 충성스러운
가신 가문들이죠.

오야붕!

빠뜨롱!

후다이 번 다이묘들은
막부 중앙 정치에
가장 적극적으로
참여하는 이들이었으니.
애초에 저희 가문이 하던 일이
나으리 댁 사무 보고
잡일하던 거잖습니까 ㅎㅎ

쇼군家의 사무를 맡아보는 너댓 명의 로주 직위를
후다이 다이묘들이 많이 맡게 됩니다.
老中

나름 격이 높은 친번 가문의 경우, 남의 집 집사 격인
로주 직위는 체면상 꺼리는 분위기여서,
주로 후다이 다이묘들이 많이 맡죠.

직위의
클래스가 좀…

SO-

막부를 실질적으로 이끌어가는
로주 자리를 소수의 친 번과 후다이 번 가문들이
돌아가며 맡아 인싸 그룹을 형성합니다.

막부는 우리가
캐리합니다!

로주 직을 맡아 막부를 조정할 수 있으니,
자기 번에 지원금을 퍼주거나
유리한 정책을 펼 수도 있죠.
중앙 정부 요직 맡으신
우리 나으리
덕을 보는구나~!
후

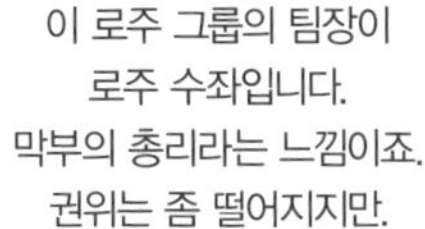
이 로주 그룹의 팀장이
로주 수좌입니다.
막부의 총리라는 느낌이죠.
권위는 좀 떨어지지만.

老中首座

1855년, 아베 마사히로가
개국파와 양이파의 갈등 조정 실패로
홋타 마사요시에게 로주 수좌를 넘겼는데,

그럼에도 막부 중앙 정치는
여전히 아베 마사히로가 판을 짜고
컨트롤하는 분위기라고 합니다.
오, 정치
잘 아네;;

마지막으로 막번 체제에서 을 of 을의 위치에 있는 번.

도자마 번

外樣藩

도쿠가와家와
생판 남인 가문들.

…

도쿠가와家와 인연이 없는 도자마 다이묘 가문 중에서도,
세키가하라전투에서 서군에 참가했던 가문들은 진짜
레알 **찐 오브 찐 도자마** 다이묘라 하겠습니다.

깝쳐서 죄송합니다
목숨만 살려주십쇼;;

영지 깎는 걸로 봐줄 테니까
저어기 구석탱이에 찌그러져서
숨만 쉬고 살아라.

꺼흙-아리가또!

대충 주황색이 도자마 번들.

(일찍 도쿠가와家 편에 서서
준 후다이 대접받는 탈 도자마 번들은
또 사정이 다르죠.)

물론 이 찐 도자마 번들은
가장 강력한 견제와 감시의 대상.

도

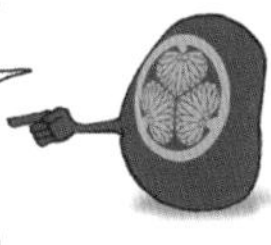

일해라, 절해라,
참근교대 올 때
오리 걸음으로 와라.

200여 년간 찐 도자마 가문들은
막부 중앙 정치에서 철저히 소외된 채
아웃사이더로 맴돌았습니다.

도

후
후

아니 뭐 딱히
저기 끼고 싶은 건
아니지만…

그런 소외 의식 속에서
이 찐 도자마 번들은
미니 국가 특질을 더욱 강화.

그 조직력과 행정력,
이념 무장 면에서 상당한
실력을 갖춥니다.

언젠가 세상 뒤집어질 날이
올 것이야…

도

그리하여 막번 체제는
대충 이런 식으로 굴러갑니다.
막부
친 번
후다이 번
도자마 번
친 번과 후다이 번이
인싸 그룹을 이뤄
막부 중앙 정치를 주도하고,
도자마 번과 일부 종친 가문이
아싸 그룹으로서 저 구도의
균열을 바라고 있죠.
그런데 말입니다,
요 근간 내우외환의 위기가
계속되면서-
대전환의 시대!
나라의 힘을
효과적으로 모으기 위해
아싸 그룹에게도 막부 중앙 정치를
개방합시다!
What?!

하지만 개국파와 양이파의 갈등에
아싸 그룹과 인싸 그룹의 갈등까지 더해져
정국은 더욱 꼬였습니다.

개국!!
양이!!
아싸!!
인싸!
으어;;;

이 갈등은 결국 쇼군 후계자 문제로
수렴되었으니–

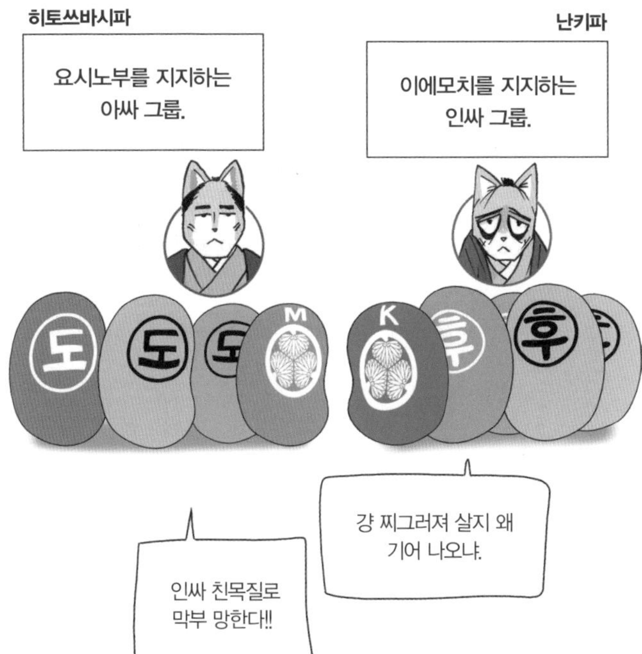
히토쓰바시파
요시노부를 지지하는
아싸 그룹.
난키파
이에모치를 지지하는
인싸 그룹.
도
도
도
M
K
후
후
인싸 친목질로
막부 망한다!!
걍 찌그러져 살지 왜
기어 나오냐.

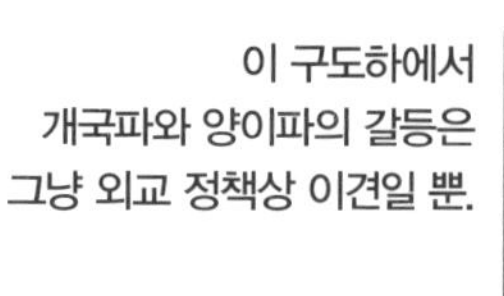
이 구도하에서
개국파와 양이파의 갈등은
그냥 외교 정책상 이견일 뿐.

아, 글쎄
무역 개방으로
미국 물건 쇼핑 좀
마음껏 해봅시다!
미국의 TPP 가입
없이는 안된다고요!
시마즈 나리아키라
도쿠가와 나리아키

개국과 양이로 의견이 갈리는
나리아키라와 나리아키지만 막부 정치에서는
같은 히토쓰바시파로 연합.

요시노부를 차기 쇼군으로 함께 밉니다.

개국이든 양이든 일단
센터 차지하고 봅시다!
이름 비슷한
양반들의
찐따 동맹인가!

이념적으로는 미토학 이념하에
실천적인 방안으로
공무합체를-
음, 그건 나중에
설명합시다.

이 갈등을
어찌할 것인가.

인싸와 아싸의 대립…
개국파와
양이파의 갈등…

이러한 갈등을 불러온 에너지-

정치 지표면에 드러난 현상보다
그 기저에 위치한 에너지의
이념적인 진앙을 볼작시면-

250만 사무라이 사회에
거대한 흐름으로 자리잡은
유학-국학-미토학의
이념 쓰나미가 있습니다!

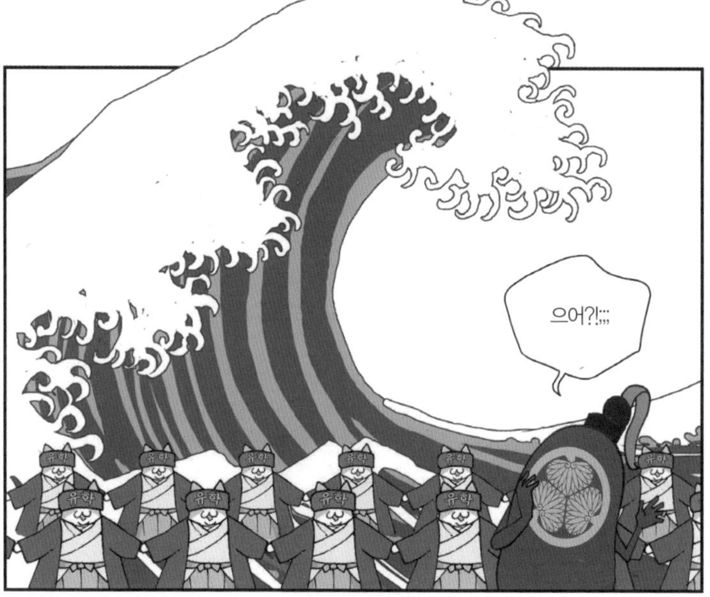
으어?!;;;
유학

이 이념 에너지가 계속 촉발시키는 정치적 갈등에
막부가 쓸려 나가지 않으려면-

파도에 휩쓸리는 대신
그 파도에 올라타야죠!

이를 위해 그 이념 에너지의 고삐를 손에 쥔
아싸 그룹과 막부 권력을 나누는 수밖에는…

그래, 까짓 거
쇼군 자리,
히토쓰바시파가
먹어라~!
IN
OUT

아니, 결국 그 미친 영감
아들래미한테 쇼군 자리
내주겠다는 거요?!
아, 요시노부를 쇼군 후계자로 삼는 대신,
나리아키 영감은 정치 손 떼고
시골에 은거하는 걸로 협상하면
괜찮지 않을까요~

그리고 아싸 그룹이 주장하는 공무합체를 통해
조정의 깃발을 막부에 가져오고-

역시! 남자라면
합체지!

※ 공무합체公武合体: 조정과 막부 합체.

이런 포석들로 존왕양이 쓰나미를
막부가 확고히 제어할 수 있게 된 연후라야-

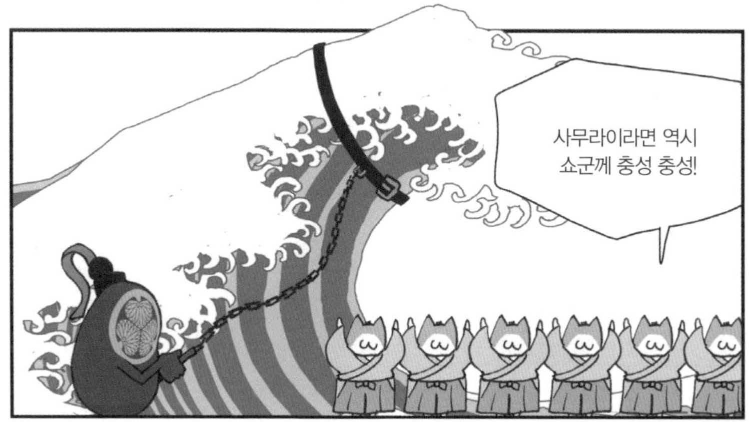
사무라이라면 역시
쇼군께 충성 충성!

뒤탈 없이 미국과 통상 조약을 맺고
나라의 문을 본격적으로
열 수 있을 것.

뭘 준비하느라고 이리 오래 걸렸어요?
준비 안 하고 사인하면 내 모가지가 위태로워요.

SO-

존왕양이 이념 운동이 개국 때문에 예측불가 리스크가 될 수 있는 상황에서
아싸 그룹이 주도하는 그 이념 운동의 에너지를 제어하기 위해,
인싸 그룹의 반발을 무마하며 아싸 그룹을 권력 중앙으로 받아들여야 하고,
이후 교토 조정과 공무합체를 통해 막부의 권위를 재정립해야 하고,
그러고 나서 통상 조약이든 뭐든 할 수 있겠죠.
아, 정치 너무 빡세요;

-저런 정치 구상 실현되는 건 대체 얼마나 기다려야 하는 겨?!
영국 놈들이 인도·중국 정리 끝내고 함대 몰고 오면, 인싸고 아싸고 존왕이고 양아치고 다 헛짓거리라는 걸 알려줘야겠다!
Mr. 아베를 만날 스케줄 잡아주게!
아, 옙. 모시모시~

아, 옙. 에?!
에에에?

…아베 마사히로,
죽었다는데요?

엉? ;;

1857년 8월 6일,
아베 마사히로 사망(향년 38세)
어라?

굽씨의 오만잡상

막번 체제는 당대 동아시아의 보편 유교 관료국가 체제에 비하면 상당히 미디블한 성격의 봉건 체제였다고 여겨집니다.
중국·조선은 하나의 강고한 유교 통치 이데올로기를 기반으로 혈연과 친소 관계 등에 의한 사적 지배를 배제하고(실상이야 어땠든지 아무튼 명분상으로는) 과거제·관료제 등을 통한 공적 지배를 표방했습니다. 때문에 현실이 어떻든간에 그 사회의 엘리트들에게 그 체제의 근본 작동 원리 자체는 무결한 것으로 받아들여졌습니다.
그에 비해 일본의 통치 구조는 가문과 가문 간의 사적 충성 서약과 혈연과 세습에 의한 관직 배분으로 굴러가는 것이었습니다. 때문에 그 사회의 엘리트들에게 이 체제는 어떻게 봐도 모순 가득한 불공정 카르텔이었겠지 말입니다.
물론 지배자들도 뭐가 문제인지 대충 알고 있었기 때문에 에도 막부 250년간 어용학자들은 막번 체제를 정당한 공적 지배 원리로 만들 수 있는 이론 개발을 위해 머리를 쥐어짜왔습니다.

—해서 무사 집단 지도자인 쇼군의 권위와 막번 체제 정당화를 위해, 무사도가 사무라이들의 이념으로 강조되기도 합니다. 그리고 쇼군이 천하를 안정시키고 관리하는 것이 천황에 대한 극상의 충성이라는 그림으로 유교 이념과 체제의 합도 대충 맞춰봅니다. 일각에서는 쇼군을 국왕 격으로 하는 보편 유교 관료국가 시스템도 얼핏 모색됩니다(천황은 대충 실권 없는 주나라 천자 정도의 포지션으로 치워둘 생각이었던 것 같습니다).

하지만 이미 엘리트 사회에서는 막번 체제 자체를 타도하고 진짜 임금=천황을 모시자는 신체제 혁명론이 메인스트림이 되어가고 있었으니….

유교
4서3경
무사도
유교
4서3경
국학
무사들의 주군은 쇼군이지.
진짜 임금님은 천황이지!

제 11 장

해리스 등성

해리스는 쇼군 알현과 통상 조약을 위해
막부를 계속 압박.

나님 말 안 들으면
함포 소리를
들으셔야 된다고요!
끙;;

로주 수좌 홋타 마사요시

결국 1857년 10월,
쇼군 알현을 위한 에도行 성공.

ㅋㅋ 구란데~

음?
와다다다다다

잡아라!
?
와다다다다다

투닥 투닥
퍽 퍽
크악!
존왕양이 포에버!!

쟤들은 뭐임?

아, 공사님 목 따겠다고
작당한 사무라이들
검거한 겁니다.
잉??!
※ 미토 번 과격파의
해리스 암살 모의 사건.

지금 일본 열도에 저런
과격분자들이 드글드글하니
배에 칼 안 들어가도록
단전호흡을 익히십시오.
드글드글하다고?!

유학·국학·미토학 등의 이념 세례에
대다수 젊은 사무라이들이 의식화된 지 오래.

존왕양이!

일본 전역의 학당 캠퍼스들마다
소조별 이념 학습이 이뤄지고,

尊王攘夷

행동하는 신념!

창! 어깨 메고 나가자
칠략자 때려 부수러, 차!

칼! 움켜쥐고 나가자
매국노 처단하러~♪

외세 타파!
민족 얼 수호!

들어라 양키야 들어라
이 땅 분노의 함성을~♬

들어라 양키야 들어라
존왕양이 몸짓을~♪

거대한 이념 운동 조류를 형성했습니다.

존왕양이!!

이렇게 의식화된 젊은 운동권 사무라이들이 현재
250만 사무라이 사회의 메인스트림인 거죠.

아, 그 유럽의 운동권이랑 비슷한 건가.
48혁명!!
1848
Be the REDs!
비슷하진 않지만…

아무튼 칼 차고 다니는 이념쟁이가 '행동'에 나선다는 건…
히익;;;
아니, 저런 불온한 기류를 막부와 각 번청이 내버려둔단 말이오?
번

내버려두지 않으면…

아니, 지금 존왕양이의 대의를 짓뭉개시는 거?! 난신적자 인증?! 미제의 주구?!
한 사회에 이미 널리 퍼져 누구나 인정하는 대의에 대해
대놓고 탄압하는 스탠스를 취한다는 건,
아니, 저;; 오해일세; 허허;
번

권력자들로서도 부담스러운 것.

뭐, 물론 아닌 사람들도 있지만요.

저 또라이 퀸 놈들,
싹 다 목을 날려야
나라가 평안할 것…

아니, 저런 게
메인스트림이라니;
나중에 저 퀸들이 득세하면
큰일 나는 거 아닙니까?!
양놈들
죽어랏!!
전쟁이다!!
칼 맞기
싫어요;;
뭐, 사실 저 양이도 개국 추진 중인 막부를
까기 위한 도구적 명분의 느낌이 강한지라,
정치 구도가 바뀌면 도구적 명분도
바뀌게 마련이니 너무 걱정하진 마세요.

그래도 방검복이라도
하나 맞춰 입어야지;

1857년 10월 해리스, 에도성 등성.
두드왕
똥똥똥똥똥똥
(일본 전통적인 BGM)

쇼군 알현, 신임장 제출.
양국의 영원한 우호를
소망하는 대통령의 말씀
전해 올립니다.

뭐, 미국도 국내 사정이 복잡하다던데,
이리 이역만리까지 우의를 전하는 성의
잘 받겠소이다.

항후 F22 베이스
차기 국산 전투기 사업에
미국의 협조를-으끄억-!;;
으윽;;
드득

아. 그 몸 편찮으신 부분은
저희 미국 의료진의 치료와
관리를 받으시면 좀더-
어으;;

건강하게
지내실 수-
자, 자, 쇼군 알현은 이쯤 하고
실무진과 이야기하러
가보실까요~;;;
팍

아니, 그쪽 쇼군 전하, 뇌성마비에
각종 합병증 징후가 짙던데;

서양 의사가 제대로 진료하고
관리해줘야 조금이라도 건강하게
더 사실 수 있을 텐데요?

쇼군 옥체를 서양 의사한테 보이면
엄청난 정치적 논란거리가 된다고요;;

자, 자, 쇼군 알현은 예의를
표한 걸로 충분!

이제 막부의 실무 관료들에게
고견을 좀 들려주시죠.
전임 아베 공 때부터 세계 사정과
신문물에 밝은 인재들로 모아놨죠.

어, 미국 공사로서
막부의 여러분에게
드리고 싶은 말씀의 핵심은—
무역! **수호통상 조약**입니다!

해리스 공사
초청 강연

무역이 모두를 이롭게 한다는 건
맨큐 책을 읽어본 적 없더라도
일본의 전국시대 경험을 통해서
익숙한 이야기겠죠.
MAN Q

미국의 앞선 문물들을 수입하려면 무역!
일본의 물건을 팔아 부자가 되려면 무역!!
근데 중국이 무역하다가
영국한테 개털린 사례 때문에
걱정되는데요;;

동양 형제들이여…
양놈들을…
조심하도록…;;
꾸엑.
내가 손해 보면
우린 전쟁을 해야 돼요.
ㅇㅋ?
清

아아, 미국을 영국 양아치와
같은 부류로 보지 말아주세요!
영국 깡패 놈들 밑에 있기 빡쳐서
독립전쟁 치르며 뛰쳐나온 나라가
바로 미국입니다!

굿 양키!

미국은 아편도 팔지 않고,
무력으로 윽박지르지도 않고,
공정한 비즈니스로
중국인들에게도
평판이 좋습니다.

그런데 영국 놈들이 근간
인도의 세포이항쟁을 정리하고,
애로호 사건 처리하러 중국에
군대를 보냈다고 합니다.

자세한 사항은
제3장을 참조하세요.

그리고 중국까지 정리하면,
이제 다음 타깃은 어디겠습니다.

으어.
드디어 세상 끝
마지막 섬나라인가.

일본에게 이것저것 강요하겠죠!

러시아의 태평양 진출을 막는
우리 기지가 되어라!
소고기 먹어라!!

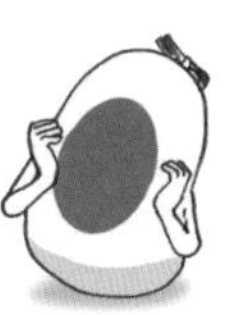
히익;;

이를 혼자 어찌 대처하시겠습니까?!
저런 깡패가 세상을 주름잡고 있는
험한 시대인 겁니다!!
Welcome to 19세기!!
듬직한 서양 친구 하나 있어야 조언도 듣고,
쩔도 받고 좋은 아이템도 구해서
이것저것 대처할 수 있겠죠!

미국이 일본의 그 듬직한 서양 친구가 되어드리겠습니다.
아, 저. 우리도 서양 친구 있는데요. 네덜란드라고-
네덜란드에서 군함도 사오고 교관도 모셔오고 했는데요.
네덜란드라…

네덜란드 놈들이 지난 200년간 일본의 눈과 귀를 독점하고 뭐라고 속삭여왔는지는 모르겠지만-
근본 없는 하이에나들만 가득한 유럽에서 그나마 네덜란드가 사람입니다요.
작지만 강한 강소국!

서양 열강 천하 판도에서 네덜란드의 존재감이란…
딴 동네에 뭐라고 입 털고 다니냐?ㅋ
귀여웡ㅎ

네덜란드는 걍 죽밥이여! 죽밥!
손절하고 미국으로 갈아타요!

뭐해?
통역 안 하고.
…

앞으로 닥쳐올 제2차 산업혁명시대는
미국의 시대!!
새 시대의 일진과 친목을 쌓으십시오!
문명의 최첨단과 함께하십시오!

미국은 어마무시한 최첨단 무기들을
일본에 팔아드릴 수 있습니다!

작열탄!! 강철대포!! 장갑함!!

그 운용법을 가르칠 교관진뿐 아니라
거래를 지킬 해병대 수백 명도 배송 가능!

이런 좋은 친구와 함께한다면
잔혹한 19세기도
살아갈 만하지 않을까요?

미·일 수호통상 조약은
좋은 거래로 맺어질 두 친구의
아름다운 첫 걸음이 될 것입니다.

부디 현명한
선택을 하시길.
수호통상
조약안
See you~
으음;;;

어쩔까;;
해리스가 말한 대로
방향성이 있어야 할까;;

막부의 대외,
국방 관료들에게 자문.

아니,
일단 해리스 저 인간
구라가 너무 심합니다!

미국도 중국에 아편
팔고 있거든요?!

인디언과 멕시코 땅을
침략해 뺏는 양상은
영국의 깡패짓과 크게
다르지 않습니다.

문명의 첨단이란 놈들이
노예제 굴리고 있답니까.

무엇보다, 미국이 제시한 수호통상 조약에는
불평등 독소조항들이 있습니다.

자, 우리가 맺는 조약은
근대 법 체제에 따른 근대 조약이잖아?
근데 너네 법은 근대 법이 아니잖아?

영사재판권
법전

그러니까 너네 땅에서 미국인이 범죄를
저지를 경우 근대 법을 갖춘 미국이
재판권을 가져갈 수밖에 없지. ㅇㅋ?

어;; 음;;;

자, 우리가 맺는 조약은
근대 법 체제에 따른 근대 조약이잖아?
근데 너네 상법은 근대 상법이 아니잖아?

관세 자주권 부정
협정 관세

관세
0.1￥
7￥
10￥
SONI

그러니까 관세를 책정할 경우,
근대 상법을 갖춘 미국과 협의해서
관세를 매길 수밖에 없지. ㅇㅋ?

음;;

BUT
저런 협잡들이 있음에도
미국과 조약을 받지 않는 것은
곤란한 일이 될 것입니다.

일단 조약 체결을
거부한다면,
고멘.
어흑.

미국 놈들이 애초에 으름장 놓은 대로
에도 앞바다에서 대포를 들이밀겠죠.

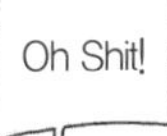
Oh Shit!

사랑은 받아주지 않아도
대포알은 받아주겠죠.

그리고 어차피 미국 걸러도,
절대 피할 수 없는 영국이 곧 닥쳐올 예정이니,

나보단 양키가
낫다고 생각하니?

미국은 영국에 대한 예방주사가 될 수 있습니다.

어차피 세계사의 아침으로 일어나 나가야 하는 19세기.

완벽하게 맘에 드는 시기에
사정 좋게 개국할 수는 없는 법입니다.

WAKE UP!
WAKE UP!
아오오오!! 10분만 더 자면
수면 주기상 렘 수면 단계에서
상쾌하게 일어날 수 있는데!
아무튼 일단 눈 떴으니
일어나.

So… 조약을 받는 방향으로 막부의 입장을 정리하고,

존귀하신 여러 다이묘 분들의
고견을 모아보고자 합니다.

근데, 말씀을 모으기 전에 먼저
잠깐 들려드릴 이야기가 있습니다.

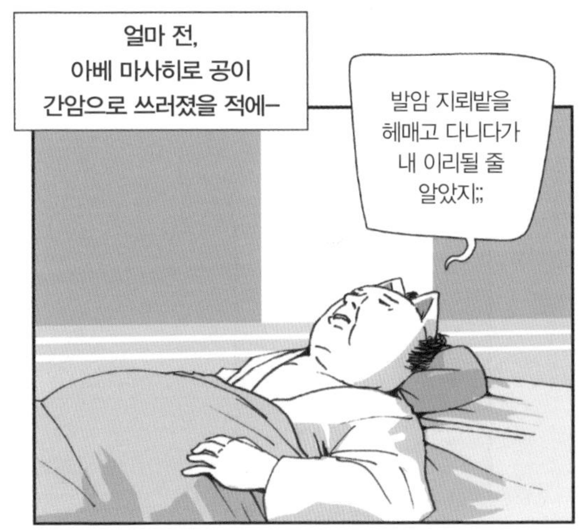
얼마 전,
아베 마사히로 공이
간암으로 쓰러졌을 적에–
발암 지뢰밭을
헤매고 다니다가
내 이리될 줄
알았지;;

마침 네덜란드 의사가 있어서
최후의 수단으로 수술을 시도해볼
기회가 있었습니다.
석션은 빨대 물고
해주시면 되고요–

BUT

…서양 의사는
안 돼…

내가 서양 의사의 수술로 목숨을 건진 후
서양과 통상 조약을 추진한다면,
아베 마사히로가 서양 덕을 봐서
서양에 문을 열려 한다는
반발이 있을 것이야.

걍 깔끔하게 갈란다.

아베 공은 그리 나라의 분열과 갈등을
걱정해서 수술을 받지 않고
돌아가신 겁니다 ㅠㅠ
숙연···
會

그리 최후의 순간까지 나라를
하나로 모으길 소원한 고인의 큰 뜻을
부디 고려해주시길 부탁드립니다.
그러니 이 건은
부디 막부의 방침에
힘을 모아주시기를…

개국 문제는 주고
쇼군 후계 건을
받는 편이 이득…
예아~!
개국이다!♬
통상 조약으로
버번 위스키
수입 가능…
막부의
약점이
늘어난다…

이의 없습니다!

다이묘들도 모두 막부의 방침을 따를 것을 천명.

아아…全일본의 뜻을 이리 하나로 모았으니 이 통상 조약 건은 사단을 걱정하지 않아도 되겠습니다.
아베 공도 하늘나라에서 기뻐하실 듯.
아니오!!! 결정적인 하나를 놓치고 있어!!

TO BE CONTINUED

제 12 장

고메이가 쏘아올린 작은 공

사쓰마 번주 시마즈 나리아키라,
쇼군 이에사다에게 시집보낸 수양딸을 면회.

흑돼지를 몇 근 싸왔시다.
에도에서는 돼지고기 구경하기 힘들죠.

으어, 백만 년만에 흑돼지, 이에 짝짝 붙네요.
아아, 내가 돼지인가, 돼지가 나인가.
어이구, 복스럽게도 잘 먹는다. 누가 보면 임신이라도 한 줄 알겠네.

아니, 쇼군께서 몸 상태가 그리되셔서 임신의 프롤로그부터가 성립이 안 되는 걸 나보고 어쩌라고요!!
쳇, 차기 쇼군의 외조부가 되고픈 야망도 없지 않아서 이것저것 공들였건만…

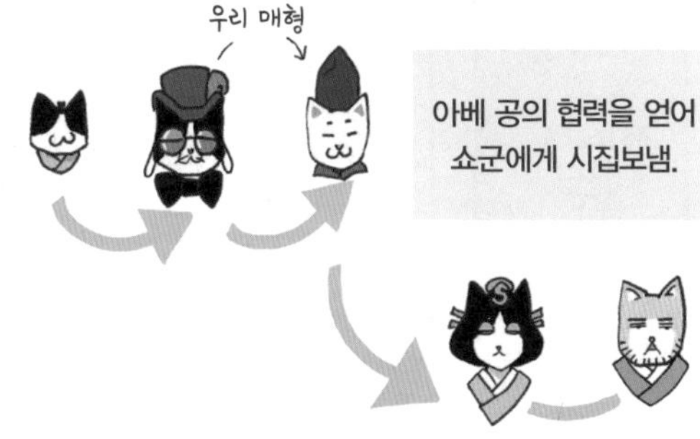
먼 친척 딸래미를
수양딸로 맞아서,
쇼군가 격에 맞는
교토 귀족 집안 호적에
다시 수양딸로 올리고,
우리 매형
아베 공의 협력을 얻어
쇼군에게 시집보냄.
※ 그것이 NHK 대하드라마 〈아츠히메〉!

이리된 이상 원래 목적대로,
요시노부를 세자로 삼도록
쇼군을 좀 열심히
설득하려므나!
아니, 그게, 쇼군께선
일반인과 약간 다른 차원에
살고 계셔서 말이죠;;

그냥 말로 설득할 게 아니라
이리 정치 지형도를 놓고
쌈빡하게 PT를 하란 말이야.
아, 정치 이야기는
지겹도록 계속 말씀
드렸다고요.

존왕양이 지사
운동권 사무라이들
尊王攘夷
(훗날의) 도막파
존왕양이! 이 나라는 천황의 것!
히토쓰바시파
막부 개혁파 +아싸 그룹
一橋派
(훗날의) 좌막파
막부 정치를 지방 번, 조정과 협력하는 형태로 개선하자!
난키파
막부 구세력 +인싸 그룹
南紀派
현재 수권파
지난 250년간 해온 대로 막부 천하 지켜나가자!
이를 위해 차기 쇼군은 미토학의 본고장, 미토 번의 요시노부로!
저놈들이 권력 잡지 못하도록 차기 쇼군은 이에모치!
徳川慶喜
徳川家茂
요시노부를 쇼군으로 앉히고 존왕좌막 열후공의를 추진!
지방 세력과 협력하면 운동권도 명분을 잃고 제도권에 포섭될 것이다!
느그 운동권 이념의 본산이 바로 우리 미토 번이다, 짜샤!
수구 기득권은 이제 좀 꺼져라!

이 길만이 나라의 평화를 지키며
안정적인 개혁을 일굴 수 있는 길이기에
아베, 홋타-로주 수좌들도
히토쓰바시 파에 힘을 실어준 것이다!
정치인들에게는 원래 중도 개혁 노선이 왕도죠. 제3의 길!
阿部正弘
물론 그 길이 항상 흥하는 건 아니지만…
堀田正睦
지금 막부가 추진 중인
미국과의 수호통상 조약 건에
대해서도 말들이 많은데,
양키 오랑캐에게 굴복해 나라 문을 연다니, 책임자 할복하라!!
나랏일은 막부가 알아서 도장 찍으면 되는 거야! 뭔 오만 군데 눈치나 살피고 앉았냐?!!
이 조약 건에 대해 교토 조정의
승인을 받아온다면 뀐 세력과
기득권 세력을 둘 다 닥치게 만들 수 있음.
봐라! 천황 폐하께서 도장을 찍어주셨다!!
조정은 막부 편이다!
존왕좌막 공무합체 노선은 이렇게
잘 굴러간다는 게 입증됐다!

이렇게 나라 문도 열고
막부도 중도개혁 제번 협조 노선으로
잘 이끌어나가면,
천하가 평안한 가운데
나라를 발전시킬 수 있을 것.
흠…
SONI TV
팔

NO!!!
09:45
고토 어소
공식 발표
뉴스속보
JHK NEWS
천황 "일미수호통상조약 반대 천명"

너네 눈에
흙이 들어가기 전에는
그딴 조약에 도장 못 찍는다!!
천황 "일미수호통상조약 반대 천명"

1858년 1월, 고메이 천황,
미·일 수호통상 조약의
칙허거부를 천명.

어찌 양키 오랑캐 따위에게
신국의 문을 열어준단 말인가!
주륵
뉴스속보
JHK NEWS
천황 "일미수호통상조약 반대 천명"

오랑캐가 무력으로 겁박한다면
맞서 싸울 뿐이다!!
천황폐하
만세!!!
뉴스속보
JHK NEWS
천황 "일미수호통상조약 반대 천명"
양이 운동권 대환호.

막부, 발칵 뒤집!
협조 노선이다, 뭐다 하면서
아싸 놈들이고, 조정이고,
다 오냐오냐해주니까!
엉?!
천황도 주제를 모르고
미쳐서 날뛰잖아요!!

막부가 저 허수아비 천황가에
땅, 각종 수당, 지원금 퍼주고
의전도 챙겨주고
경애를 아끼지 않았건만!
어휴,
우리 천황 폐하
고우시다~

천황이 이딴 식으로
막부 통수를 후려갈겨?!
퍽
꾸엑.

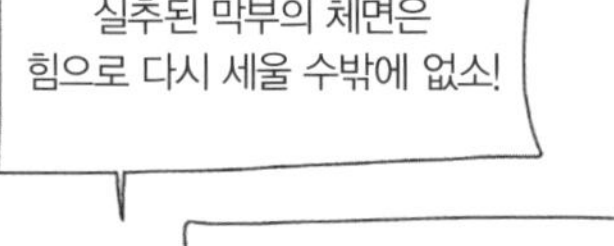
실추된 막부의 체면은
힘으로 다시 세울 수밖에 없소!

당장 교토에 계엄령 내리고
조정 싹 물갈이합시다!

아니; 저기, 요즘 세상이 그런 강경책이
통할 세상도 아니고;;
일단 그쪽이랑 얘기를 좀 해봐야죠;;

나님이 직접 교京(교토)에 가서
잘 말해서 칙허 받아올게요.

...

1858년 2월,
로주 수좌 홋타 마사요시
교토行.

에도

교토

오랫만에 교토 출장.
나라의 대업을 짊어진
어깨는 무겁지만,
발걸음이 무겁지 않은 건
곧 교토가 봄이기 때문인가.

지나치지 못하고
잠시 기도 올리게 되는
무거운 마음.
오직 나라 걱정뿐.

근심은 잠시 넣어두고
여유를 가져보는 시간.
출장인가, 휴가인가~ㅎ

꼬인 정국처럼
구불구불 미로 같은
기온의 골목길.
출구는 어디인가···.

교토 길 찾기 도전!
태합 대감 댁을 찾아라!

하지만
잠시 길을 잃고 헤매보는 경험도
나쁘지 않은 이곳.

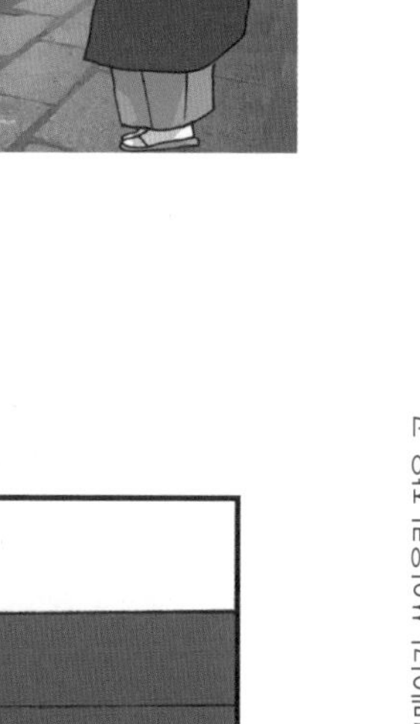

공가 다카쓰카사家 저택.

원, 모처럼 쿄에 오셨으니
눈과 귀의 즐거움을 양껏
다 채우시고 넉넉히
머무르다 가시죠.
태합 다카쓰카사 마사미치

눈과 귀의 즐거움뿐 아니라
입의 즐거움을
빼놓을 수 없죠. ㅎ
이 야쓰하시를 맛보러 일부러
이렇게 교토까지 –
ㅎㅎ

※ 야쓰하시: 교토 전통과자.

–그러려고
온 게 아니라!
천황이 조약 칙허를 거부해
나라가 결딴날 판입니다!!
공가의 Top인 대감께서
어찌 잘 케어해주셨어야죠;;
아, 나님이
공가의 Top인가요…

일본 전통 귀족 '공가'

公家

우리나라로 치면 신라시대의
성골 진골이 19세기까지 쭈욱
이어진 느낌이죠.
문화, 교양 감수성이 높은
공가 귀족들은 일찍이 화려한
헤이안 문화를 꽃피우기도 했지만-

12, 13세기 이후 공가는 현실 정치 권력을 상실.
무가武家 사무라이들이 모든 권력을 독차지한다.

칼 들고 천하를 난도질하는 일은
저희에게 맡기시고.
나으리들은 좀더 아름다운
일을 맡아주세요.
ex: 꽃꽂이 같은 건-

이후, 공가 귀족들은 극심한 생활고 속에서도
교토의 허수아비 천황 주변에서
소꿉놀이 같은 조정을 이어나갔습니다.

바깥세상이 뭔 아수라 개판이건 간에
고고하게 교토 귀족의 문화와 전통을
이어가는 것이 공가의 긍지!

도쿠가와 막부는 그런 천황과 조정에 대해
허울만이라도 나라님으로 대접해드림.

임금님을 잘 모시는 것이
천하를 다스리는 일의 근본이죠.
ㅎ
부쳐 먹을 땅도 좀 드리고,
각종 수당도 지급하고.

조정은 허울뿐이지만
명예로운 각종 관위와 서훈 들을 수여해
막부의 가오를 세워준다.

옛다~
무슨무슨 장관 감투 받으시오~
존재하지 않는 부서지만.
아리가또~

무엇보다 기본적으로 조정은
막부의 컨트롤하에 놓여 있는 것.

교토는 막부 직할령으로,
교토 마치부교에 의해
관리되고 있습니다.
(주요 대도시는
거의 다 막부
직할령이죠)
박제가 되어버린
천황을 아시오?

한편, 무식한 무가 사무라이들은
공가 귀족들의 문화 소프트파워를 흠모.

삼행시 커미션
받습니다.
삼: 삼우라이 다 죽으면
행: 행복할 텐데
시: 시#B
공

으어, 존잘님!
데카르챠!!
무

하여 무가의 다이묘들은
공가 귀족들과 연을 맺고 친분을 쌓아
그 브랜드의 위광을 빌리고자 하였으니,

원, 변변찮지만
삼행시
레슨비입니다요.
공
무

가장 좋은 방법은 사돈을 맺어
혈연으로 맺어지는 것!

힘 있고 돈 있는
다이묘 사돈 덕에
어깨 펴고 삽니다~
이걸로 우리 집안에도
헤이안 귀족의 피가 Mix!
공
무

이렇게 무가 가문들과 공가 가문들이 '연가'라
부르는 결혼 동맹을 맺음으로써 막번 정치와 조정이 연결된다.

공
무
공
무
공
무
공
무

이리 유력 다이묘들의 연가가 된 공가 귀족들을 통해
다이묘들의 막부 정치 게임이 교토 조정에까지 이어진 것.

쇼군家 세자 책봉은 아무래도 더 나이 많은 쪽을 권하는 편이 좋지 않을까요~
걍 그쪽에서 쇼군과 가까운 혈연으로 알아서 잘 정하겠죠.

히토쓰바시파 가문들과
연가인 공가 귀족.

난키파 가문들과
연가인 공가 귀족.

이 공가 귀족 가문들 사이에도
그 혈통의 존귀함에 따라 나뉘는
등급 차이가 있었으니,

공가 카스트 꼭대기에는 존귀한 천황家.

그 밑에, 고셋케五攝家(5섭가) 다섯 개 가문이
조정 최고위직을 대대로 독점.

近衛
鷹司
九条
二条
一条
일본 최고 귀족인
후지와라씨가
나뉜 다섯 개 가문이죠.

그 밑으로 기타 130여 개 가문이 등급별로 포진해 있는데,

네 이놈! 청화家를
기타로 분류하다니!

격이 낮은 하급 귀족 '평공가'는
조정의 고위직을 맡지 못함.
금수저에도 24K와 14K의
차이가 있는 법이여.

아오, 조정 소꿉놀이하면서
거지들끼리 섭가니, 청화가니, 평공가니,
등급 나누며 놀고 있으니 사무라이들이
공가를 비웃는 겁니다요!

그리고 공가에도
슬슬 새로운 시대의
바람이 스며드는 조짐이…

귀족 나으리,
요즘 젊은이들에게 인기 있는
담론이 있는데 말입죠~
음?

아무튼,

고셋케의 일원인
다카쓰카사家의 당주
다카쓰카사 마시미치 공(69세)
히데요시가 받았던
그 관백·태합 말여~
30년 넘게 조정 최고위직인
관백을 맡고, 이후 태합 칭호를 받은
조정의 Top of Top.

그 30여 년간, 막부의 의향을 충실히 받들어 조정을 컨트롤해오셨는데-

영감님 컨 빨
나이스ㅎ

이 중차대한 시기에!
이 중요한 조약을!
천황칙허 취득 실패!!
조약돌이 바위가 되어
이끼가 자랄 때까지
이딴 조약에
도장 찍을 일 없느니라!!
아이고 폐하;;
막부가 ㅈㄹ할 텐데요;

ㅇㅇ!!
당연히 ㅈㄹ 팔짝 뛰죠!!
대체 이게 어찌 된 일입니까?!
대감도 이제
한물 가신 거예요?!
폐하께서 확고한
자기 생각이
있으셔서
말이 안 먹혀요;;
천황이 생각을 왜 해요!!
뭔 자기 생각이 있답니까?!

막부의 권위를 땅바닥에
패대기치고야 말겠다는
생각이시랍니까?!
막부,
이빨 다 빠졌네
걍 ㅂㄷㅂㄷ
거릴 뿐이네
이것이 바로
엘빈 토플러의 '권력이동'
온 천하가 막부의
체면에 대해 수군댑니다!

이거 혹시,
막부 권위 붕괴의
신호탄?
텅

막부 권위 붕괴 제1타
천황 컨트롤 상실.

뭐랄까― 폐하께서는 애초에
천황이 쇼군보다 더 위인데,
막부 말 좀 씹어도 되는 게
아니냐고 생각하시는 것
같습니다.
으어;;
요즘 젊은 애들이 따르는
뭐, 그런 이념이 있다던데요.
아니, 어쩌다 그런
못된 물이 드셨답니까;;

'그 새끼'가 폐하께
바람을 불어넣은 게지요.
그 새끼?
그 새끼는
또 누굽니까?

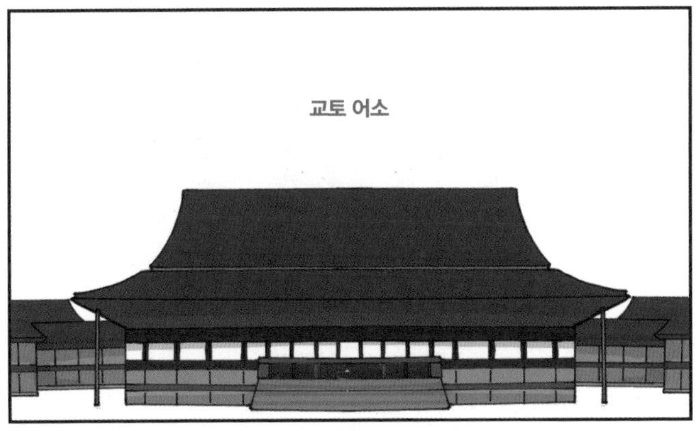
입궐하시면
곧 알게 되실 겁니다.
교토 어소

훗타 마사요시 입궐.

이번 수호통상 조약 체결 건에 대해 아뢰옵고자 하옵니다.

수호통상 조약에서 수호는 우호적 외교 관계를 맺는 수교를 뜻하고 통상은 서로 무역을 하자는 것이옵니다.
미국과의 무역은 연간 GDP 3퍼센트 증가 효과를 기대할 수 있으며-

SHAME!!!

어이쿠야;

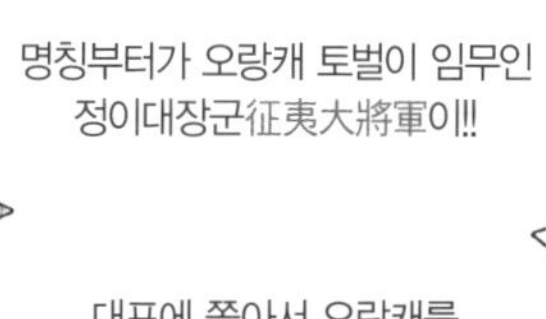
명칭부터가 오랑캐 토벌이 임무인
정이대장군征夷大將軍이!!
대포에 쫄아서 오랑캐를
신국에 들이려 하다니!!!

岩倉 具視
이와쿠라 도모미
(33세)
그 수작에 천황의 칙허를 바란다굽쇼?!
뭐죠? 임무 방기 과시?!

…;;; !

이 새끼가
'그 새끼'구나…

제 13 장

이이ing~

1858년 4월, 홋타 마사요시, 에도 귀환.

쏴아아

천황칙허 취득 실패의
책임을 지고
로주 수좌직에서
사임코자 하옵니다.
교토
기념품은?

후임으로 적당한
후보를 천거해
올릴작시면-

에치젠 번주
마쓰다이라 슌가쿠 공을
후임으로 천거드리옵니다.

에치젠 번주
마쓰다이라 슌가쿠
서양 사과를 최초로
일본에 입식 재배.
도쿠가와 가문 종친.
히토쓰바시 파.
막말 4현후의 한 사람.

幕末四賢侯

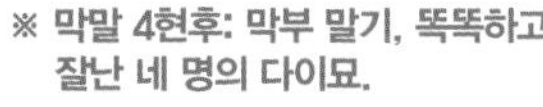
※ 막말 4현후: 막부 말기, 똑똑하고 잘난 네 명의 다이묘.

이요 우와지마 번주
다테 무네나리
일본 최초의 자체 설계
증기선 제작.

사쓰마 번주
시마즈 나리아키라
일본 최초의 찍덕.

술

도사 번주
야마우치 요도
알코올 중독.

그리고 로주 수좌라는
직위는 조정과의
협상에 임하는 데
급이 좀 달리는지라~

로주 수좌라는 건 하인들 우두머리. 종 흔들어서 부르는 집사장 같은 거 아닌감요?

※ 교토 평공가 놈까지 업신여김;;

또한 도쿠가와 가문 종친인
다쓰다이라 슌가쿠 공의
클래스를 고려할 때도
로주 수좌는 너무 격이
낮은 직위인지라,

King's hand 정도는 돼야지…

비상설 막부 최고위직인 **'다이로'** 직을 해금,
마쓰다이라 슌가쿠 공을 다이로로
임명해주시기를 청해 올리나이다~

老中首座 < 大老

음, 다이로 직위를 개설해
막부를 이끌도록 하는 건
좋은 생각이군요.

근데,
다이로 자리에 앉을 사람은
슌가쿠 공이 아니라…

꾸둥
이이 나오스케 공을
다이로로 임명하겠습니다.
이이 나오스케(43세)

그렇다! 홋타 마사요시가
교토에 있는 동안,

에도성에서는 난키파에 의한
궁중 공작이 가열차게 진행됐던 것!

교토 일이 잘
처리되려나;;
마님~ 쇼군께
속닥속닥~
POTATO
쇼군 이에사다의 모친
혼쥬인本寿院
(막신家 출신)

※ **막신幕臣: 막부 직속 신하.**

유서 깊은 막신家 대부분은
당연히 난키파.

천황이고 조정이고, 그딴 거
뭔지도 모르겠고,
우리 나라님은 오로지
도쿠가와 쇼군 전하뿐이다!
막
막
막

난키파와
혼쥬인의 공작이
착착 진행되어—
막부를 통째로
넘기시겠습니까!
엄마 말
들어라.

4월, 혹타 귀환 직후 이이 나오스케 다이로 취임.

정국 대반전!
난키파 승리!
으엉ㅀ?!

왜 이렇게 되었냐면―

히토쓰바시파가 주도해
제번·조정과 협조 노선을 추구했지만,

ㅎㅎ, 천황 폐하 무한 존경~
도장 한 방만 살짝
찍어주시면 안 될까요;
헤헤;
으이그;;
한심;;

그러한 협조 노선이 오히려 막부의 권위를 실추시키고
조정에게 통수를 쳐 맞는 상황으로 치닫자,
이에 대한 반동으로 막부가 요동친 것.

퍽
흐엃
느얽어얼럵!
등딱아!
마우스
내놔봐봐!!

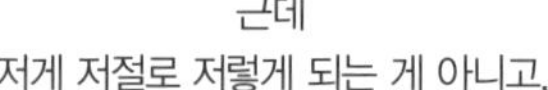

근데
저게 저절로 저렇게 되는 게 아니고,

결국 전하께서 이이 나오스케를
다이로로 임명하셨기 때문에
정국반전이 이뤄지는 것 아니옵니까.

POTATO
POTATO

아아,
이이 나오스케는 막부의 수상으로
부족함이 없는 인재올시다.

이이 집안은 전국시대부터 대대로
도쿠가와家에 충성을 바쳐온
인싸 중에 인싸 가문.

도쿠가와家에게는
유비의 조자룡~
같은 느낌이랄까.

그 후손인 이이 나오스케는
거합도(발도술 검도)의
경지에 오른 당대의 검호!

N째 아들이라 백수로 지낸 기간이 길어서
북치기 등의 예술 잡기에도 능하다고 합니다.

이이~이이이
이이 이이이~♬
웜마웨~
웜어웨빠 웜어웨빠 웜어웨빠
다도에도 능해서,
이이 나오스케의 차는
마약 녹차로
그 명성이 자자합니다.
서양의 다도 선생을
바리스타라 한다지?

모 유명 블렌딩 차 업체에서, 이이 나오스케 에디션을
만들자고 거액을 제시했지만 거절했다는 이야기도…
아니, 그 양반 잘났다는
이야기가 중요한 게
아니라요~

아베 마사히로에서 홋타 마사요시로 이어진
히토쓰바시파에 친화적인 정치 노선을 폐하고,
홋타 마사요시
이이 나오스케
이이 나오스케를 다이로로 임명해
난키파의 손을 들어주셨다는 건—
一橋
南紀
도쿠가와 요시노부
도쿠가와 이에모치

요시노부가 아닌
이에모치를
세자로 택하시겠다는
뜻이 아니십니까!
저 수꼴 난키파와
병약 꼬맹이 후계자에게 막부를
맡기는 게 좋은 생각일까요?!
이게 이렇게
갈 수 밖에 없는 게 말야—
엄마가
그러라고
시켜서?
아니거든!

존왕양이 도막파
히토쓰바시파 놈들은
존왕 & 좌막이랍시고,
운동권과 막부 보수파, 양극단을
적당히 달래는 걸로 난국을 헤쳐나갈 수
있으리라 생각하나본데-
막부 수권파
아, 우리도 존왕이야!
천황폐하 만세!
우리는 좌막이야!
막부를 지켜나갈 거야!
King John
#Save The

그건 결국 양극단 모두에게
배척받는 노선이 될 수밖에 없어.
막부가 존재하는 한
진정한 존왕은 없다!!
조정에 막부를
바치려는 배신자 !!

세상일이라는 게
양쪽 모두를 만족시키려는 욕심은
결국 양쪽 모두를
실망시킬 뿐이거든.
초콜릿
오이처럼 말이지.

결국 저 도막 운동권과 막부의 사생결단은
피할 수 없는 라그나로크.
내가 이 싸움을
막겠으어어엌~;;;

거기서 막부 정권 중핵이 어중간한
포지션 잡고 있다간 죽도 밥도 안 됨.

그렇다면 결국
보수파에 힘을 실어주는 게
현명하겠지.
막부
GREAT AGAIN!!

아니, 저;;
지금의 막부에 반대 세력과 그리 사생결단 벌일 여력이 있을까요?

후훗…

근간 서양에서 기술과 자재를 들여와 만들고 있는 게 있지…

에도성 지하의 핵 융합로!! 완성되면 막부는 신의 힘을 손에 넣게 된다!!

…아, 예, 전하께서는 완전히 난키파 쪽으로 마음을 굳히셨고요.

뭔가 알 수 없는 이세계 드립을 자주 치시는 걸 보니 슬슬 가실 때가 된 것 같기도…

음. 쇼군이 살짝 맛이 가긴 했지만
역시 만만한 상대는 아니지…

하지만
히토쓰바시파도 쉽게 항복하진 않아!
한딱가리 없이 넘어갈 수는 없지!

일단 도쿠가와 나리아키의 분노 폭발!

크아아아앍!!!
이대로
당할까보냐!!
아버지, 일단
캄다운을;;

1858년 6월,
이에모치를
쇼군 후계자로
정식 발표하기
며칠 전,

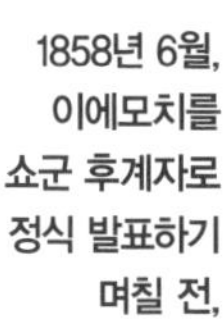

뭐?! 내일모레, 이에모치를
쇼군 후계자로 정식 발표한다고?!
에도성으로 가자!
밀실야합
분쇄하자!

도쿠가와 나리아키 등의 히토쓰바시파 다이묘들,
에도성 무허가 등성! 성내 난입!

이리 오너라!!!
빠작

이이 나오스케
나오라 그래!!
불 질러버린다!!
와장창
깽 To the 판!

"나오스케
나오라 해서
나오니까
나오미 캠벨."
좋은 라임입니다.
이 자식! 엉터리 시구로
으스대지 마라!

종사의 대업을 어찌 종친·중신 들과
협의도 없이 니들끼리 그리 멋대로
졸속 결정할 수 있단 말이오?!
송구하옵니다~

이전 로주들이, 여러 다이묘의
공론을 구해 정치를 행하기로 했건만,
이를 폐하겠다니,
시국이 그리 만만해 보이시오?
그 또한 송구하게
되었사옵니다~

미국과의 통상 조약도
조정을 쌩까고 진행하겠다니,
세상이 얼마나 더
시끄러워져야 만족하시겠소?!

송구하옵니다~

아니, 뭔 계속 송구만 하고 있소이까?! 피칭을 해!
일단 송구나 잘 받으시옵소서.

무엇보다
가장 송구스러운 일이라면-

존귀하신 나으리들께
에도성 무단 등성의 죄를 물어
그 징계로 낙향·근신을
권해드릴 수밖에 없음에
대단히 송구스럽사옵니다.

SO-
도쿠가와 나리아키, 요시노부, 마쓰다이라 슌카쿠 등-
히토쓰바시파 다이묘들- 강제 낙향, 근신 처분.

크아아아앍!!!
이이이이이이섀퀴!!!

아버지;
혈압 조심;;

MEANWHILE

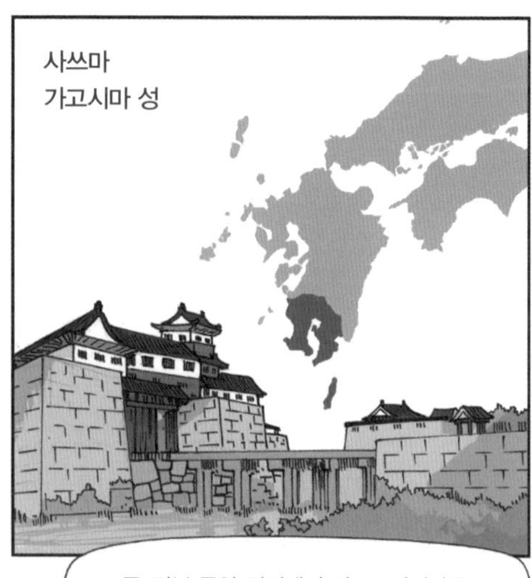
사쓰마
가고시마 성

큥, 막부 중앙 정치에서 히토쓰바시파를
싹 몰아낸 걸로 정리가 끝났다고
착각하지 마시라.

이 시마즈 나리아키라가
그냥 얌전히 찌그러져
있어줄까 보냐!

사쓰마 함대,
출항 준비!
일장기를 게양하라!!
※ 시마즈 나리아키라가 일장기 사용을
국가에 최초로 건의했다고 한다.

다카모리!
교토의 우리 쪽 연가에
이 쪽지를 전해라!
조정의 내응을 부탁할 것!
옙!!

다테와키!
병력을 소집한다!
거병이다!!
옙!! 으얽 ㅅ#B
그래도 될까요?!;;
군은 언제든
출정준비 완료입니다!

자, 이제 나님이 교토로 상경해서
조정의 명을 받들겠습니다~
라고 하면 천하가
어찌 뒤집힐지 함 보자고!

서양 총과 대포로 무장한
5천 병력을 끌고 가서 말이지!

사쓰마! 포에버!!

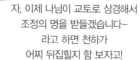

제 14 장

머나먼 교토

1858년 6월, 히토쓰바시파를 축출하고
이에모치를 쇼군 후계자로
확정 지은 이이 나오스케.
집안일은 대충 정리했으니, 이제-

1858년 7월,
미·일 수호통상 조약 체결!

미 군함 포하탄호 선상에서 체결.
문자 그대로 포함 외교군요.

조약 내용을 볼작시면-

에도 센보쿠쿠寺에 미국공사관 개설.
또 절이네;; 워싱턴에 일본공사관도 개설하시죠.
어, 그건 좀 나중에;;

※ 12년 후에 개설.

양국 간 무역을 개시하고,

이를 위해
요코하마·고베·나가사키·
하코다테·니가타 등 다섯 개 항구 개항.

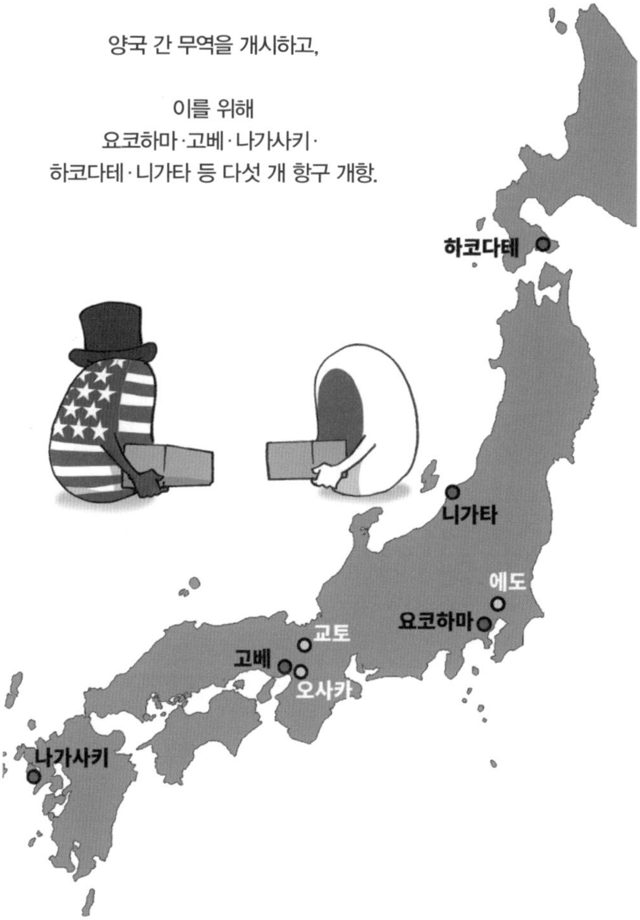

하코다테
니가타
에도
요코하마
교토
고베
오사카
나가사키

하지만 이 통상 조약에는
적잖은 불평등 독소조항들이 있었으니—

협정 관세

관세는 일본 마음대로 정할 수 없고,
미국과 협의해 정하는 협정 관세로.

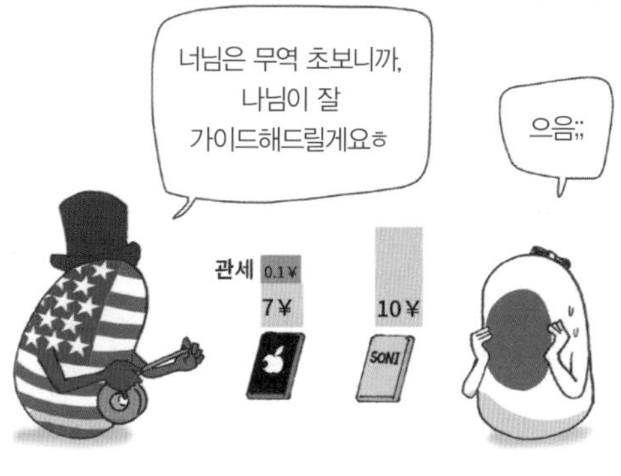

너님은 무역 초보니까,
나님이 잘
가이드해드릴게요ㅎ
으음;;
관세 0.1¥
7¥
10¥
SONI

영사재판권 일본에서 죄를 지은 미국인은 미국 영사에 넘겨 미국법으로 재판받는 영사재판권.

일본 집에 신발 신고 들어가면 칼 맞을 수 있으니 조심해라…
초범 훈방~
크윽!!

그래도 다행히 아편 수입은 엄금하기로 합의.

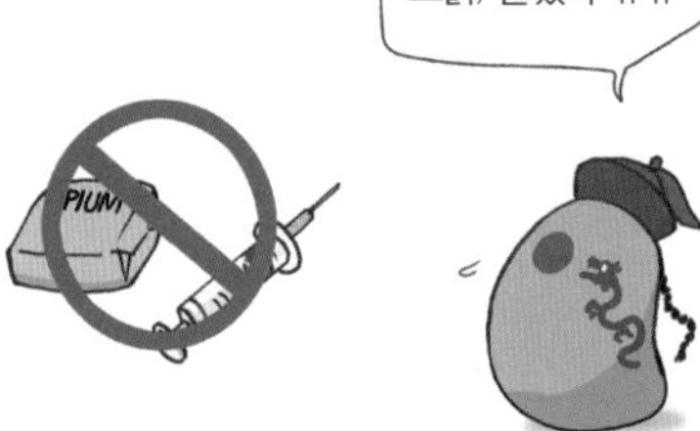

크흙; 잘했다 ㅠㅠ

무역 통화는 같은 무게의 은으로 하기로.

금으로 하면 안 되나요;;?
ㄴㄴ, 은화가 글로벌 스탠더드입니다.

※ 이 환전 룰 때문에, 고액면가 은화가 쓰이던 일본에서 대량의 금 유출 사태가 벌어지는 이야기는 나중에.

그리고 1854년 미·일 화친 조약 때 설정한 미국에 대한 최혜국 대우.

나중에 다른 외국에
더 좋은 교역 조건이 주어지면
미국과의 교역 조건도 자동으로
업그레이드해주는 걸로.
다른 외국…?

오하요우~!
으어,
다른 외국 놈들이다;;

애로호 사건 전반전을 정리하고 몰려온 영·불·러.

※ 제4장 참조.

이에 따라 미국에 이어 서양 열강과
동일한 내용의 수호통상 조약을 연이어 체결하니,
이를 통틀어 안세이 5개국 조약이라고 한다.

1858년 7월,
미·일 수호통상 조약.

1858년 8월,
화·일 수호통상 조약.

1858년 8월,
러·일 수호통상 조약.

1858년 8월,
영·일 수호통상 조약.

1858년 10월,
불·일 수호통상 조약.

근데, 너님이 알제리랑 조약 맺으면
불알 수호통상 조약이라고 하나요?

그런 개드립이 나올까봐
일찌감치 알제리 점령해버렸죠.

그러면 불알전쟁…

근데 천황의 칙허 없이
이리 조약을 체결했으니
조정과 존왕양이파들이
ㅂㄷ거리겠는데요;
…
ㅂㄷ ㅂㄷ ㅂㄷ 비듬

얼마 전, 중국 톈진 앞바다를 때려 부순 영불함대가 아직 기세등등하게 동중국해에 머무르고 있었다.

으하하활항할 뭐 또
때려 부술 거 없나?!
으헒,,,

그러니 서둘러 공식적인 관계를 보장할 조약을 열강과 맺어 혹시 모를 화를 피하고 봐야 하지 않겠는가.

느그 외교관들과
조약도 맺고 밥도 먹고!
어! 다했어!
그러니까
때리지 말어!!

이렇게 막부가 나라의 안위를
위해 고군분투하는 와중에

양놈들에
맞서 싸워라!!
잠꼬대 같은 양이나 부르짖으며
막부의 등에 칼을 꽂으려고 발악하는
조정과 뭐 놈들은 진짜, 하, ㅅ#B…
쫄보 막부
타도하자!

저 우물 안 미친 개구리 놈들이
나랏일에 간섭하도록 둘까보냐.
크읏!

조약 칙허 건으로
교토에서 뭐라고 빼액거리든
관심 1그램도 줄 필요 없다.
흠…

빼애애애액
빼애애애액
저 빨건 귀신 놈이 이리 대놓고
천황을 쌩까다니?!!!!

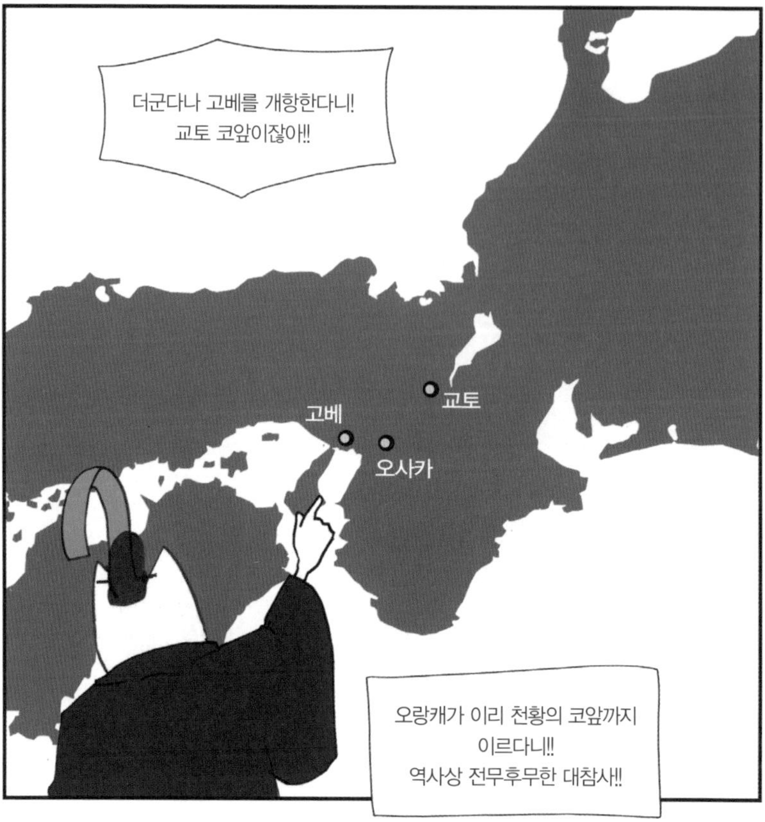

더군다나 고베를 개항한다니!
교토 코앞이잖아!!

교토
고베
오사카

오랑캐가 이리 천황의 코앞까지
이르다니!!
역사상 전무후무한 대참사!!

아오, 나님이 이리 무시당하고 능욕당하며 사느니- 콱-

1858년 8월, 고메이 천황,
양위 의사 표시.

황위를 내놓고 절에 들어가려 하오. 태자에게 양위하겠소이다.
음?

보통 조선 같은 데서 임금이 양위한다고 하면
온 나라가 뒤집히고, 신하들이 엎드려 비는 소동이 나죠.

저은하~ 명을 거두어 주시옵소서~
저 노망난 영감탱이 또 뭐가 꼬와서 꼬장이냐;; ㅅ#B…

유교 이데올로기 정치에 밝은
고메이가 저런 그림을
희망했을지도 모르지만–

어휴, 진짜 막부 등쌀에 천황 하시기 힘드셨겠습니다.
퇴위 기념 회식은 어디로 예약할까요?

일본은 원래 예로부터 천황이 양위 후에 상황 노릇하며, 쇼군이 양위하고 오고쇼 노릇하는 양위 후 실세 정치가 일상이었던 나라인지라-

양위는 은퇴가 아니라 일종의
레벨업이라는 느낌이랄까나요.
上皇

고메이 천황의 양위 의사에 딱히 아무도 진지하게 신경 쓰질 않고

아, 그러고 보니 천황 양위한다는 소문이 있던데, 축의금 봉투 보내야 하나?
아, 뭐, 하는지 마는지 소식이 없어서요.

천황의 양위 건은 그냥 흐지부지行.

음, 가끔씩 관모를 벗고 모발에 공기가 통하게 해줘야-
아, 회식 예약 취소할까요?

하지만
유교 문화를 체화한
교토의 운동권
존왕양이 지사들은
비분강개해주는 척함.

황송하옵게도 양위의 뜻을
내비치심에 어떤 망극한 함의가
있는지도 읽어내지 못하는
이 무식한 사무라이 사회!!
통탄스럽다!!
京都
교토
5/ 사나이 군은
7/ 사나이이고, 운빈은
5/ 원빈 워너비.

우메다 운빈
존왕양이 사상가

하시모토 사나이
마쓰다이라 슌가쿠
휘하 로비스트

**야나가와
세이간**
시인

퀀 양이지사들은 막부의 조약 강행과
천황 무시에 분노-

조약 반대!
막정 혁파!

SO-

양이와 막정 혁파에 조정이 나서도록 하기 위해,
양이지사들은 교토로 모여들어 조정의
공가댁에 바람을 넣으며 돌아다닌다.

아니, 조정에
무슨 힘이 있다고;;
막부를 준엄하게 꾸짖어서,
막부에 반항하는 모든 이들에게
명분을 쥐어주세요!

이를 위해 양이지사들은
온갖 있는 말 없는 말로
공경 귀족들을 뽐뿌질.

아, 글쎄, 우리 번주님께서는 천황 폐하께서 언질만 주시면 바로 전 병력을 이끌고 상경하십니다요!
우리 번에 핵미사일 있다니까요!
오호?!

아니, 근데 저 양이지사들이 저리 뻥치며 활개 치는 걸 그 소속 번의 번주들은 그냥 내버려둔단 말인가요?
뭐, 일단 저리 활개 치는 번사들은 대개 히토쓰바시파 번의 사무라이들이니까-

히토쓰바시파 번주들은
이이 나오스케에 대한 정치 공세 목적으로,
양이지사들의 조정 공작을 뒤에서
조종, 비호 내지는 묵인.

으따, 잘한다, 우리 아기들.

그리고 이 무렵이면, 번주들도 번 내부 사무라이들의
다수 여론에 역행하기 어려운 분위기인지라.

천황 무시 조약 체결에 대해
우리 번 번사의 83퍼센트는
부정적인 입장입니다.
이에 조정이 막부를 꾸짖는 일에
우리 번도 동참해야 한다는 여론이
70퍼센트 이상이며-
으어; 요즘 애들
무섭구나;;
83%

이리 교토에서 뽐뿌질하고 다닌 양이지사 가운데
가장 자신감 넘치던 청년이 바로 사쓰마 번사-

사이고 다카모리(30세)

※ 사실 아직은 기치노스케지만.

西鄕隆盛
으마하하핳함함함!
이 자신감의 이유는 무엇인가!

우리 주군께서 5천 병력을 이끌고
곧 교토로 상경하실 거거든!!!!!

사이고는 사쓰마 번주 시마즈 나리아키의 명을 받아,
사쓰마군의 교토 상경 사전 작업을 위해 교토에 와 있던 것.

시마즈家의 교토 연가—
고노에家 당주 **고노에 다다히로**
※ 나리아키라의 매형.
와구 와구
쩝쩝

교토의 디저트도 맛있지만
저희 고향에는
고구마 설탕 조림이
있는데 말입니다요~!
원, 천한 놈이 참
천하게도 잘
처먹는구나.
끄르어어어억

이번에 류큐 국왕의 동생이
교토 조정에 입조하러 오는 걸
호위한다는 명목으로 5천 병력이
서양 무기로 무장하고 상경할 건데요,

교토

나키진 왕자

뭐, 기백 명도 안 되는
교토소사대의 막부 병력이
사쓰마군을 막으러 나설 리는 없겠습죠.

ㄷㄷㄷ

그리 교토에 들어온 사쓰마군을 조정에서 서양 오랑캐나 기타 치안 불안으로부터 교토를 지킬 근왕군으로 삼아주시면, 막부에서 감히 이를 어쩔 엄두를 못 낼 것입니다요.

천황의 근왕병을 향해
칼을 겨누면 이쪽이 역적이 되고;;
아니, 일단 저 사쓰마군을
제압할 여력이 막부에 있나;;

이리 조정을 지킬 물리력이 확실한 상태에서, 조정이 막부에 이런저런 지시를 내리면 막부에서 이를 따르지 않을 도리가 없습죠.

눈치 보던 여러 번들도 일제히 지지 세력이 되어줄 것입니다.

이이 나오스케 잘라라!
히토쓰바시파 복권!
쇼군 후계자는 요시노부로!
그리고 조약 파기하고
서양 오랑캐 다 내쫓-
아, 그건 무리니까
하지 마세요.

그리하여 조정의 권위를 드높이고
막부 정치를 개혁해
이후 막부와 조정이 공무합체로
협력한다면, 이 나라의
앞날에는 찬란한 영광만이!
히토쓰바시파의 막부는
착한 막부 ㅇㅈ.
ㅎㅎ

이를 위해 조정이 사쓰마군의 상경에
매끄럽게 내응하도록 대감 마님께서
조정에 미리 약을 잘 쳐달라는 것이
저희 주군의 전언–
치지직
마번 긴급 발표
I ♥ KYO

…
긴급 속보를 전해드립니다.
사쓰마 번의
발표에 따르면–
음?
마번 긴급 발표
I ♥ KYO

사쓰마 번주
시마즈 나리아키라 공의
사망이 확인되었습니다!

11:37
JHK NEWS
사쓰마 번주 시마즈 나리아키라 사망

사인은 콜레라로 알려진 가운데,
고인의 부친이 사쓰마로
귀환을 서두르며-

주르륵
I ♥ KYO
시마즈 나리아키라 사망

1858년 8월 24일,
시마즈 나리아키라, 콜레라로 사망.

콜레라가
수인성 질병이라는 게
서양에서 이제 막
알려진 참인데!!

이에 따라 사쓰마군의 교토 상경도 캔슬.
히토쓰바시파의 기세는 크게 꺾인다.

어, 음;; 혹시 게장과 감을 드셨다던가 한 건;;
허흙;
고인의 띵복을 빔 프로젝터! 예아!!!

나리아키라가 사망했음에도,
양이지사들은 계속 조정을 뿜뿌질.

병사가 없어도! 조정의 위엄으로! 막부를 꾸짖어주세요!!
조정에서 충심 깊은 다이묘에게 명을 내리시면 근왕의 뜻을 반드시 보일 것입니다요!
그릉가?

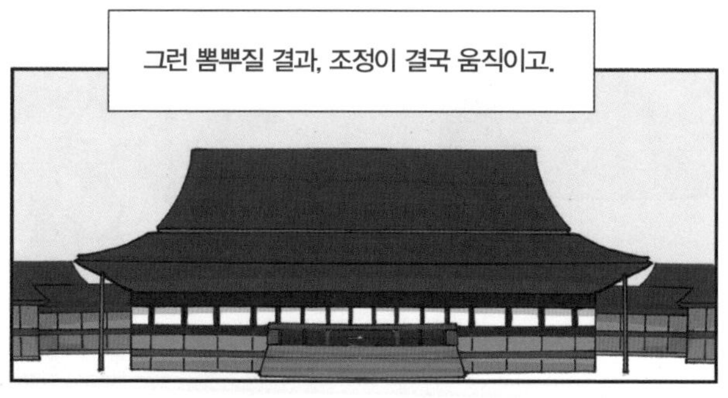
그런 뿜뿌질 결과, 조정이 결국 움직이고.

비밀리에 막부를 꾸짖을 것을 논한다.
막부에 빠큐를 날리기 전에 먼저 조정이 믿을 만한 번을 확실히 해놔야죠.
ㅇㅇ, 확실한 존왕파 번!

So,
미토 번에 천황의 밀지를 내리도록 한다!!

보안을 위해 등기로 보내도록.
히이이이이이이이익;;

제 15 장

착불등기
요금별납

미·일 수호통상 조약
체결 2주 후,

시마즈 나리아키라
사망 열흘 전,
前

11:37
JHK NEWS
사쓰마 번주 시마즈 나리아키라 사망

1858년 8월 14일.

사실 나는, 파리에 가서 파티셰가 되고 싶었어…
전하~ ㅠㅠ

제13대 쇼군
도쿠가와 이에사다 사망.
(향년 34세)

23세에 청상과부라니, 뭔 팔자냐 ㅠㅠ

So, 이에모치 님께서
도쿠가와 가문 당주의 자리를
계승하게 되셨습니다.
으어;;
도쿠가와 이에모치(12세)

이후에 정식으로 쇼군 자리에 앉기 위해서는
일단 조정에서 정이대장군 직위와
기타 감투를 내려줘야 하는데-

임명장 쓰는 데는
시간이 걸린다데스.
관례상
뇌물을 좀 풀어야
신속하게 진행됨.

그런데 1858년의 이 늦여름,

조정에서는 쇼군 임명장 대신
엉뚱한 뭔가를 작성하는 데
더 공을 들이고 있었던 것이다.

...

양이지사들의 뽐뿌질이 들어간 조정에서는
존왕파 번에 사인을 보내 막부를 흔들어볼
꿍꿍이를 진행하고 있었던 것.

쑥덕쑥덕

친막부파 대신들은 따 시키고
존왕양이파 대신들끼리 몰래 말이죠.

密勅

이를 위해 존왕파 번에 내리는
비밀칙서(밀칙)가 작성되었다.

취급주의
밀칙재중

뭐 딱히 대단한 내용은 아니고,

-서양과의 조약 반대,
막부 정치 개혁,
공무합체 잘 추진하자-

맨날 하던 소리
그대로 적은 것.

그 내용보다는, 조정이 막부를 패싱하고
근왕파 번에 직접 칙서를 내리는 행위로써

천황이 너네 번을 신뢰하고 막부를 불신한다는
제스처를 표한 데 큰 의미가 있죠.

어흙
감동!
…

일단 미토 번에
밀칙을 내립시다.
히토쓰바시파가
다시 힘을 모을 수 있도록
격려하는 모양새가 되게…
그쪽 양이지사들이
자신만만해하더라고요.
히이이이이이이이이이익;;

난 여길
빠져나가야겠어요;;
호다다닥

아니, 천황의 최측근인
이와쿠라 도모미 공께서 이리
발을 빼시다니요?!
음? 나님이 천황
최측근이에요?

이와쿠라 도모미는 평공가 출신으로
종4품 시종직위의 낮은 벼슬에도 불구하고

여동생을 천황의 첩으로 들여보내
연을 맺고,

천황의 술 상무를 자처해
교토의 유흥가로
천황의 잠행을 이끌고,

낮은 곳에 성은이
임하게 하시옵소서~
天
%

게이샤들을 궐내로 몰래 들이는 알선책 노릇을,

아니, 저건 정적들이
나님을 헐뜯으려고
주작한 찌라시
가짜 뉴스라고요!!
–뭐 여러가지
설이 있습니다.

이와쿠라 도모미가
천황의 총애를 얻은 건,
일단 천황의 마음에 쏙 드는
존왕양이 시국 상소를
올린 덕분이고.

오, 이런 맞말 또맞말은
최고예요– 추천이지!
접니다!
제가 썼어요!!

막부의 꼭두각시인 고위 대신들이 조약 칙허를 추진했을 때,

이와쿠라 도모미가 평공가 하급 대신들을 선동해
조약 칙허 반대 열참 투쟁을 이끌었기에
천황의 총애를 얻었죠.

NO!–라고
말할 수
있는 조정!
굴욕조약
결사반대
Good Job!

이렇게 자타가 공인하는
천황의 총신인
이와쿠라 도모미 공께서–

몸미 몸미~
도모미~

밀칙을 내리시는 천황의 뜻을
돕지 않고 몸을 사리려 하다니!

충심이 부족한 게 아닙니까?!
성심을 저버리는
간신일까요?!
아니, 저기,
이 밀칙 건은 그렇게
만만하게 추진할
일이 아니에요;;
자, 보세요.

이 조직 구조 바깥에
꿔다놓은 보릿자루 같은
명예이사가 있고,

조직 구성원들을
직접 통제하는
직속 상사가 있어요.

조정

막부

그런데 명예이사가 조직 돌아가는 꼴이 맘에 안 든다고

직속 상사를 거치지 않고 직접 조직원에게
비밀 공문을 날린다면 말이죠.

You!
선택받았어!
예?

그렇게 명예이사님이 조직원을 포섭해 몰래 직속 상사인
막부 뒷담화 까는 단톡방도 만들고 그런다면 말이죠.

느그 보스한테
불만사항들이
좀 있지?
어휴, '좀'이
아니죠.

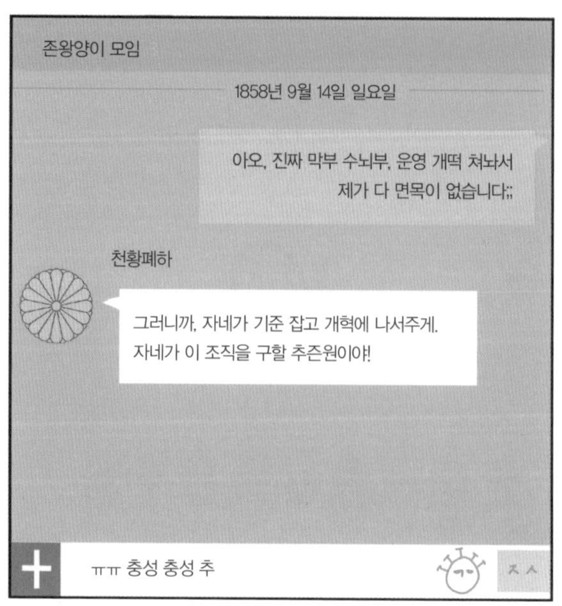
존왕양이 모임
1858년 9월 14일 일요일
아오, 진짜 막부 수뇌부, 운영 개떡 쳐놔서 제가 다 면목이 없습니다;;
천황폐하
그러니까, 자네가 기준 잡고 개혁에 나서주게. 자네가 이 조직을 구할 추존원이야!
ㅠㅠ 충성 충성 추
ㅈㅅ

우리 임금님께서는 막부 패싱하고 나를 믿어주시는구나 ㅎ
득의양양~

들킨다면—
아, 물론 당연히 들키겠죠—
어찌 되겠습니까.
—그리고 나는 네놈을 원래 안 믿었단다.
두궁
!!

아니;
저기 그게;;

퇴물 이사님이랑
통수 종자가 작당하고
직속 상사 패싱인가…

그리 패싱 좋아하면
삶을 패싱하게 해드림.

그렇게 분노한 막부의 칼날이
조정과 천황을 향할 때,
이를 수습할 준비를 해놓는 것이
진짜 충신의 역할 아닐까요?

그 준비라는 게, 막부에
이 밀칙 건을
밀고하는 건가요?
막부의 교토 파견 지방 치안관
교토소사대
京都所司代

하?!
밀고라고요??
미이이일고오오??

양이지사들과 조정의 귀족 나으리들이 만나고 일을 꾸민다는 게-
중간에 게이샤도 끼고, 다도 선생도 끼고, 스님도 끼고,
그리 북 치고 장구 치며 요란한 일이라서 말이죠.
이거 비밀인데
말입죠-
비밀리에 전하는
말씀입니다-
밀고고 자시고
조정이 막부 제끼고 어디에 밀칙 보내려 한다는 거,
이미 교토 인구의 절반이 알고 있을 거라고요!

ㅇㅇ, 당연히
다 알고 있죠.

※ 교토소사대:
오바마 번주
사카이 다다아키.

제가 제안드리는 것은
이 '이후'에도 조정과 막부의 관계가
파국으로 치닫지 않도록
하자는 거죠.

ㅎㅎ; 제안요?
잘난 척하지 마시고
그냥 조정의 밀칙 건에 대해 다 불고,
그로써 밀고자의 낙인을 이마에 박아
막부의 개가 되도록 하시죠.

원, 이이 다이로의 권세가
천년 만년 갈 것처럼 기세등등하신데,
이다음에는 또 그다음의 다음이
있는 법이랍니다.
그걸 준비하라고 이리
친절히 제안드리는 건데,
빡대가리로 이해가
힘드세요?

무엇보다, 여기 너님의
슈도 파티 기차놀이
영상 파일이 있습니다만.
헉; 역시 교토는
위험한 곳이었어.
자, 그러니까, 이 '이후'의
수습에서 나님이
조정 쪽 라인이 되어드리는 걸로
하면 어떻겠습니까.
ㅇㅋ. 그렇게
채널 틉시다.

아무튼 1858년 9월 14일,

조정은 밀칙을 작성해 궐 밖으로 반출.

야심한 시각,
교토의 미토 번저에
밀칙을 전달.

성은이 망극하옵니다.

미토 번사 우가이 고키치가
교토에서 미토까지 560킬로미터를
걸어서 9일 만에 주파.
미토
에도
교토
하루에 63킬로미터!
※ 닌자의 후손이라고 한다.

9월 23일 밤, 미토 번에 도착.
가로家老(실무 총책)
아지마 다테와키에게 밀칙 전달.

안 받겠다고
얘기했는데!!

다음 날, 미토 번주
도쿠가와 요시아쓰,
밀칙 수령.

what the-;;

나리아키의 큰아들, 요시노부의 형: 도쿠가와 요시아쓰

천황 폐하의 밀칙이!!!
우리 미토 번에!!!!

근신 중인 미토 前 번주: 도쿠가와 나리아키.

이것은 반격의 봉화!!!
이 칙서를 기치로 걸고
히토쓰바시파를
재규합한다!!
아니, 저기, 아버지,
지금 근신 중이실
텐데;;

칙서를 앞세우고
히토쓰바시파 병력들이
교토로, 에도로 모여든다면
이이 나오스케 지림死 !
정국 대반전!!!
아니, 저기 아버지;;
병력은 무슨 놈의 병력;;
사쓰마의 시마즈 나리아키라 공은
지난달에 죽었다고요;;

아, 맞다…
그 나리아키라는 죽었지…
나 나리아키는 안 죽었지만…

에라 ㅅ#B,
만사휴의다.
저딴 종이쪼가리
폐지 분리수거해라…
으어;;; 어쩌지;;
어쩌지;;;;

한편,
조정은 미토 번 측에
밀칙 전달 사흘 후,
막부의 교토 마치 부교에
같은 내용의 칙서 전달.

시치미
뚝 떼고

교토 마치 부교(막부의 교토 행정담당관):
오쿠보 이치오.

그 밖에 다른 번들에도
칙서 내용을 회람.

ㅎㅎ, 뭐 대단한 밀서 같은 건 아니고,
그냥 여기저기 다 말해두는 거니까,
너무 큰 의미 두지 말라고~

어, 음, 그리고
아직 쇼군 취임식도 안 한 시점이니
어디에 칙서를 보냈다고 한들
막부 패싱은 아니겠지? ㅎ;;
음, 이건, 밀칙을
보내놓고 제풀에 쫄아서
우물쭈물 수습하는
시늉을 하는 건가요.
에휴 ㅉㅉ…

물론 막부는 이를 그냥
우물쭈물 넘길 생각이 없었으니.

…

탓
조정의 밀칙이 미토에 도착!
미토 번은 이를 수령했다
하옵니다!

음…!

아주
적당하게
우려졌어…

SO-

제대로 맛볼
타이밍을 놓치면
안 되겠지!
할짝

제 16 장

안세이 대옥

미토 번에 밀칙이
도착하자마자
막부는
바로 행동 개시.

조정의 막부 패싱 밀칙 하달은, 이른바 양이지사라는 퀀 불순분자와 주상의 눈을 가린 조정의 간신배 들이 작당하고 벌인 국기문란 내란선동!
반역죄로 엄단하겠습니다!

일단 미토 번 놈들아. 그 밀칙 막부에 제출해라.

허걱;;

반역죄로 싹 다 배 가르게 생겼는데, 밀칙인지 핫칙인지 얼른 막부에 넘겨버립시다;;
아니, 천황 폐하의 신임을 저버리고 칙서를 그리 훌러덩 넘긴다니, 이욜! 난신적자나 할 법한 생각!

※ 막부의 밀칙 제출 요구에
미토 번 여론 분열.

친막부 보수파와
도막 과격파의 대립은
칼부림에 이르고,
나리아키 부자가
억제하기 힘에 부칠 정도로
미토 번정은 대혼란行.

종이 쪼가리 한 장 때문에 번 망하게 생겼구먼요!!
밀칙을 지키다 죽으면 충의의 이름 길이 남으리이다!!
진정하고 일단 다 함께 미토 미토!

이렇게 촉발된
내부 갈등은 이후 10년에 걸쳐
미토 번을 처절한 골육상쟁
내전으로 내몹니다.

근데 그 밀칙은 어떻게 됐지?

결국 막부에 제출 안 하고 미토 번 금고에 길이길이 모셔짐.

뭐, 미토 번은 지들끼리 알아서 지리멸렬할 테고, 사태의 근원지인 교토를 엎으러 출동!!

로주 마나베 아키카쓰가
막부 포박대를 이끌고
밀칙 사건 처리를 위해
교토로 출발.

히이이익;;
너무 위험한
불장난이었나;;
막부의 전폭적인 지원하에
교토 소사대의 밀칙 사건 수사 개시.

막부 놈들이
이리 살기등등하게
교토를 휘젓고 다니다니;
양이지사들이
무사하지
못하겠구먼;;

여기,
뀐 냄새가 나는데?
뀐 냄새겠지…
뿌우웅
후다닥

1858년 연말 이래, 막부 관헌들은 밀칙 사건 수사를 위해 교토를 이 잡듯이 뒤집니다.

오라를 받아라!
와장창

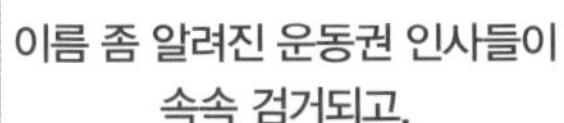
이름 좀 알려진 운동권 인사들이
속속 검거되고.

자는 척하지 말고…
…

냄새가 나는데?

조금이라도 그쪽 이념 냄새가 나는 사람들은 싹 다 체포.

그쪽 사람들과 친분 있는 사람들까지도
일단 몽땅 체포·소환.

그 밖에 귀족들 밑에서 심부름하던 사람들까지
다 잡아들여서,

교토의 바둑 선생, 게이샤, 스님 등등이
잡혀와 조사받습니다.

물론 사건의 몸통은 이런
피라미들이 아니라,
밀칙을 직접 작성한
조정의 높으신
대신 나으리들이지.
교토소사대
사카이 다다아키

밀칙에 관여한 조정의 고위 대신들도 소환되어 수사를 받고.

京都所司代
설마 공경 귀족을 때리진 않겠지?

이와쿠라 도모미가 조정을 대변해 교토소사대와 수사 범위를 협상.
뭐, 결국 이렇게 될 일, 나님이 이 역할을 맡기로 미리 정해놓은 거죠.
어느 선까지 족칠까요.

일단, 천황은 이번 사건과 절대 관련 없는 걸로 해주셔야.
음, 그래도 대어 한 마리는 필요한데…
뭐, 아사히코 친왕 정도까지면 어떻겠습니까?
(천황의 양형)
ㅇㅋ

그렇게 막부와 협상 파트너가 된 이와쿠라가
이 수사 협상을 조정에서 정적들을 제거하고
자신의 세를 불리는 데 이용했다는 의혹이-
어휴, 그런 거 다 나님을
모함하는 찌라시
가짜 뉴스라고요!

일단 이 밀칙 수사에서 폐하를 지켜낸 공로로
나님에 대한 폐하의 신임이 더욱 공고해진 것,
신하 된 자로서 가장 큰 보답입니다요 ㅎ
자네만 믿겠네!

뭐, 조정 대신들이 이 밀칙 건으로
처벌을 받는다고 해도

귀하신 귀족들 처분은
파직·은거 정도에 그칩니다.

일단 조정에서
히토쓰바시파 연가 공경들은
깡그리 실각·전멸했어요.

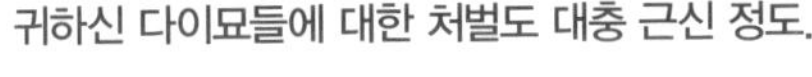
귀하신 다이묘들에 대한 처벌도 대충 근신 정도.

근데 잘못한 게 없는데
왜 처벌을 받는 겨?
히토쓰바시파니까…
크아악!

이미 근신 중이던 나리아키에 대한 처분은
한 단계 높인 '영구 칩거'로.

뭐, 저렇듯이, 높으신 분들이야
처벌이니 뭐니 해도
몸에 기스 날 걱정
안 하셔도 되지만-

안 높으신 분들은 일단
5박 6일 고문 워크숍부터
거치셔야 합니다.
끄아아악;;

높으신 분들이
근신 정도의 징계를 받을 때,
낮으신 밑에 사람들은
가혹한 고문을 거친 후–

밀칙에 실제로 관여한
미토 번사들의 처형을 시작으로–

밤에 자다 일어나 얼떨결에
밀칙 수령한 가로도 할복.

억울하다;

잡혀온 양이지사들
줄줄이 처형 집행.
그래! 이 운동에는
순교자가 필요하지!

전국 양이지사들의 정신적 리더였던
우메다 운빈, 하시모토 사나이 등도 이때 처형.

근데 안세이 대옥이라는
거창한 타이틀 치고,
목숨을 날린 사람은
고작 열댓 명 정도…
뭐, 꼭 처형이 아니더라도
추방·유배 등등의 처결이
100명 넘어가니, 대옥이라
이름 붙일 만하죠.
安政の大獄

사이고 다카모리는 잡힐 경우
100퍼센트 처형이었는데—
하지만 다행히도
교토 탈출 성공!
높으신 분의 부탁으로
밀칙 사건 관련자인
겟쇼스님을 모시고
사쓰마로 향했지만—

사쓰마에도 이미 너님과 겟쇼스님에 대한
막부의 수배령이 하달되었고,
번이 양이지사들을 지켜줄 수 없다는 게
번 윗선의 뜻이야…
오쿠보 도시미치
허걱;
어째서?!

11:37
JHK NEWS 사쓰마 번주 시마즈 나리아키라 사망

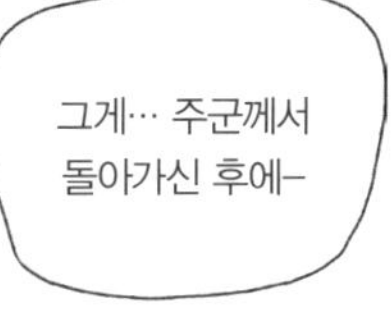
그게… 주군께서
돌아가신 후에–

옛날에 주군께서 에도로 쫓아냈던 주군의 아버지께서…

이 후레자식
놈이!!
아버지, 이제 좀
은퇴하시죠!

前 번주: 시마즈 나리오키.

바로 사쓰마로 돌아오셔서
다시 권력을 잡으셨다고.

으따!
불효막심고리끼새끼,
잘 뒤졌다!!
그나마 일찍 죽어준 게
유일한 효도로구먼!!
형님, 미안;;
아버지는
못 이기겠음;;

시마즈 히사미쓰
※ 나리아키라가 후사를 맡긴 이복동생.

이 미친 아들래미가,
돈 펑펑 쳐들여서
총·대포·군함 마구 지르더니만,
뭐? 병력을 이끌고 교토로 상경?!!?

이이 나오스케가
그런 것에 쫄 인물 같더냐?!

막부 10만 대군에 단번에 진압당하고
가문 전원 배 긋고 멸문당하고 싶어서
미치고 환장했던 게지!

뭔, 쇼군 계승 문제까지 찝쩍거려서
히토쓰바시파네 뭐네 GR하다가
막부한테 찍히고,

존왕양이 어쩌고 하는 젖비린내
쩌는 운동권 놈들 뒤나 봐주고,

그런
미친 짓거리들은
앞으로 영원히
ㅂㅂ!

사쓰마는
얌전히 막부에
충성 충성行이다!

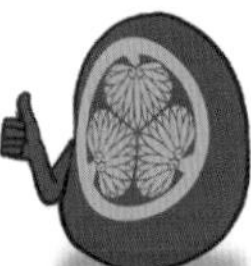

역시 아버지만한
아들이 없는 법이죠
ㅎㅎ

그런 상황인지라,
너님과 겟쇼스님의 목을
막부에 화해의 선물로
바치자는 얘기도 나옴.

뜨얽;;
KYO!

다만, 우리 친구들이 열심히
구명 운동을 한 덕분에-
너님이 퀀과 관계를 끊었다는 증표로
겟쇼스님을 너님 손으로 처치한다면,
번에서도 너님 목숨을 부지시켜주는 걸로
얘기가 되었음…
으에에엑?!

무슨 그런 치사하고
더러운 거래가;;;
아무튼 일단 겟쇼스님을 모시고
다른 섬으로 향하던 중-
...

사이고 씨는 앞날이
창창한 젊은이.
예?

늙은 땡중의 목숨,
젊은이의 앞길을 위해
던져드리리다!
으윽! 아니,
잠깐만요, 스님!!!
여기서 스님이 죽고
나만 살아 돌아가면
나님은 지 살겠다고 동료를 죽인
인간 쓰레기로 찍힌다고요!!!
음, 일단 평판을
먼저 걱정하는구먼.

에라!! 그럼
나도 일단
같이 죽습니다!!
헐;;

첨벙 첨벙

1858년 10월 16일,
사이고 다카모리(30세),
겟쇼스님과 동반 자살.

다음 날,
쏴아아아

사이고 다카모리, 생환.

사쓰마 사람들은 사이고 다카모리가 그리 죽었다고
막부에 거짓으로 고한 후 가짜 묘비까지 세움.

결국
겟쇼스님은 죽고 너님은 살고.
윗분들의 제안대로 되었구먼?
노코멘트.

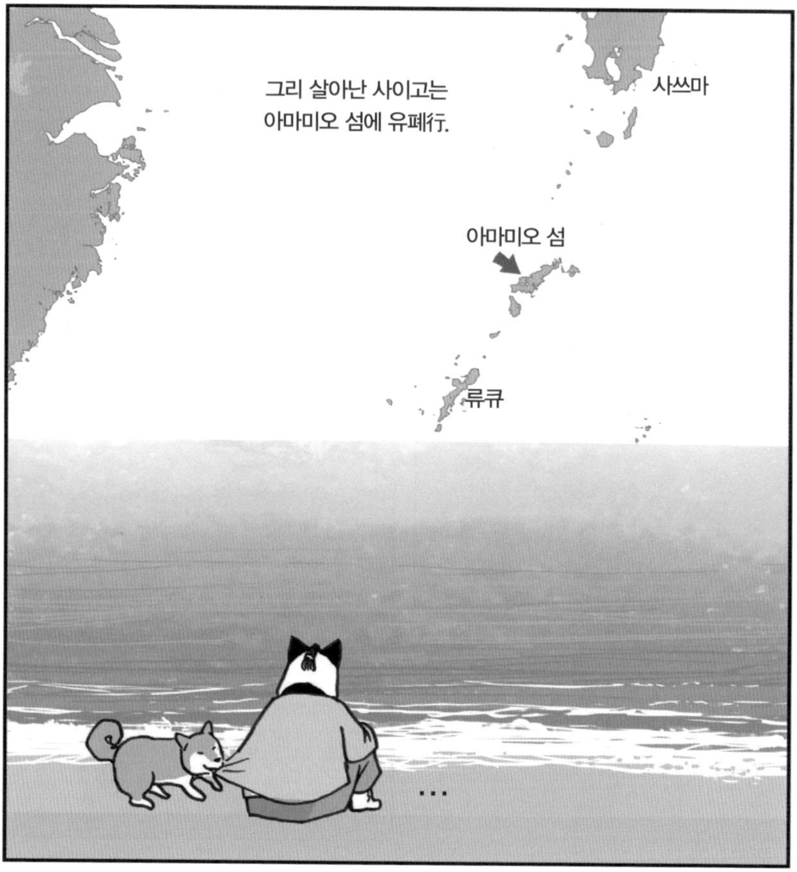

그리 살아난 사이고는
아마미오 섬에 유폐行.

사쓰마

아마미오 섬

류큐

...

대충 이렇듯,
각 번들은 막부의 분노 모드 앞에서
양이지사들을 할복시키고 유배 보내는 등
납작 엎드립니다.

크와아아아앙!

굽신굽신…

쫄
보
들

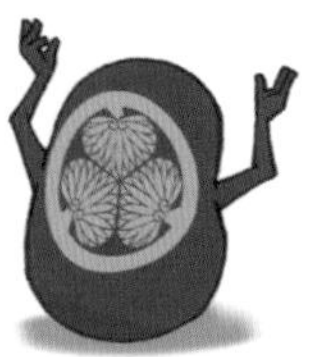

SO-

안세이 대옥은
막부 보수파가

히토쓰바시파,
존왕양이 운동권,
깝치는 조정까지
한칼에 싸그리 날려버린
일대 쾌거!

그간 여러 사정들로 인해
잠시 흔들렸던
막부의 권위와 통솔력은
다시금 굳건한 반석 위에!
이 반석 위에서 이제
나라의 내우외환을 하나씩 제대로
해결해나갈 수 있을 것!!

근데, 그 과정에서 이리
강경 탄압책을 밀어붙이는 게 상책일까요?
당장은 세상이 두려움에 잠잠할지 몰라도
수면 아래에서 더욱 큰 분노와 적개심을
끓어오르게 하는 건 아닐까요.
끓어오르면
또 밟아주면 되죠.

뭔 협조 노선입네, 조정 존중입네, 절충 정책입네 하는
미지근한 헛소리들은 불평분자들의 기만 살려줄 뿐.

깝치겠다!!
어; 그래;
적당한 깝침에 대해
서로 합의해보자;;
깝

이 나라 일본, 칼의 권위로써만
다스릴 수 있는 나라라는 것을
역사가 증명하고 있지 않나요?

충성
충성 충성 ;;

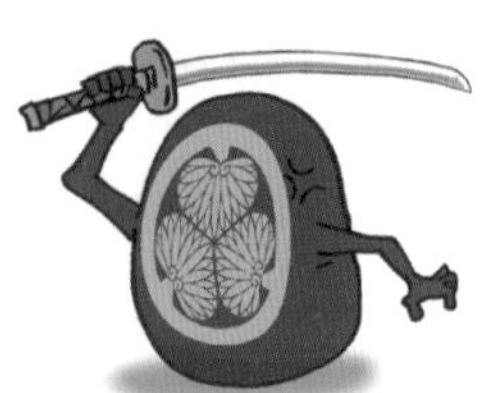
야 이, 죽 많이 먹은 셰퀴야,
썰어서 몇 피쓰 나올 때까지
나불거리나 보자.

뭐, 이런저런 흉한 얘기들이 들려와서 말입니다…
안세이 대옥에 불만을 품고 마나베 로주 암살 음모를 꾸민 놈도 있고 말이죠. 이번에 처형할 놈…
아, 처형 결재인가요.

하긴 뭐, 이리 1년 빡세게 진행했으니, 슬슬 분위기 풀어주는 것도 괜찮겠죠.
처형승인
이 처형이 올해 마지막 처형이면 좋겠군요.

1859년 11월 29일

안세이 대옥의 마지막 처형 집행.

조슈 번의 시골 서당 선생,

요시다 쇼IN

썩둑

요시다 쇼OUT

제 17 장

Under the Pinetree

1600년,
도쿠가와家의 천하통일을 결정지은
세키가하라전투.

도쿠가와家가 이끄는 동군에 맞선
O-EDO

서군의 명목상 대장은 모리家.
괜히 대장
맡은 것 같아;;

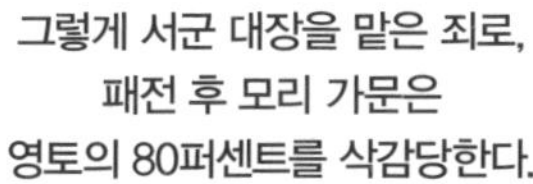
그렇게 서군 대장을 맡은 죄로,
패전 후 모리 가문은
영토의 80퍼센트를 삭감당한다. 
살려둔 걸 감사히 여기고
그 끄트머리에서
숨만 쉬고 살아라.
원래 영토
남은 영토
꺼흠;
그렇게 에도시대 조슈 번,
와신상담의 역사가 시작된 것이다.
長州藩

조수 번은 줄어든 영토에서 열심히 땅을 일궈
생산력을 늘려나가고,

쌀이
국력이다!

번청이 직접 소금·철 등의
전매 사업에 나서
재정을 다져나간다.

하지만 농사짓고 장사하는
것만으로는
선진 번이 될 수 없지.

교육이 맨파워의
근본이다!

특히 교육에 힘써 일본 전체에서
가장 낮은 문맹률을 달성.

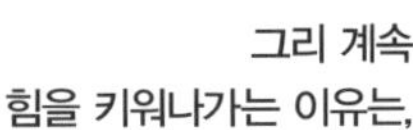

그리 계속
힘을 키워나가는 이유는,

당연히 도쿠가와에
복수하기 위해서지!!
크악!!
그래서 막부의 잠재적
가상 적 번 1호가
저놈들임.
언젠가 반드시
세상 뒤집힐 날은 온다!

매년 새해 첫날이면
조슈 번의 가로는
번주에게 여쭙는다.

올해는
도쿠가와를 칠 수
있을런지요?

이에 번주는,

아직
시기상조니라.

라고 답하는 새해 전통이
250년간 이어져온 조슈 번.

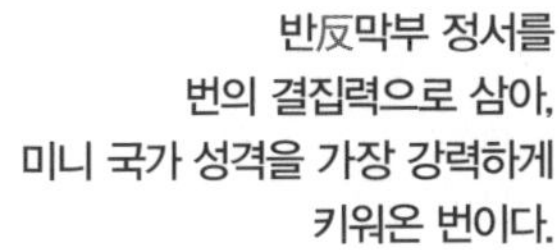

반反막부 정서를
번의 결집력으로 삼아,
미니 국가 성격을 가장 강력하게
키워온 번이다.

막부 타도의 그날까지
일치단결 총력건설!
투쟁! 투쟁!

같은 아싸인 사쓰마 번이
에도 중앙 정치에 한발 걸치려고
부단히 노력하는 데 반해-

인싸! 인싸가 되자!
히토쓰바시파 모여라!!
쇼군家와 사돈 맺는다!

막부 정치 자체를 혐오하는 조슈 번은
그런 정치 놀음에 낄 생각도 않는다.

사추마야, 쓰하다.
제발, 아싸의 품격을
지켜나갑시다.

반막부 정서 + 높은 학문열 + 시골 촌동네.

-라는 조건들이 결합,
막말의 조슈 번에서는 당연하게도
존왕양이 운동의 기세가 뜨겁게 끓어오릅니다.

와신상담 존버 끝에
이런 우주의 기운이!!

1837년에 번주가 된 이래 20년간의 개혁정치로
조슈 번의 힘을 착실히 키워온 번주 모리 다카치카.

일단 차분하게 젊은 인재들을 육성하고 등용하는 데 노력합시다.
毛利敬親

번립 학교인 명륜관을 개혁해 젊은 인재들을 모아봅시다. 커리큘럼도 19세기에 맞게 좀 뜯어고치고.
明倫館
조선 성균관에도 명륜관 있다더라.

이런 흐름 속에서 1850년, 명륜관의 젊은 교수 요시다 쇼인이
개인적인 배움의 여행을 준비한다.

병학자 가문 출신으로 전통 병학(군사학)을 익혔는데,
아편전쟁으로 드러난 서양의 차원이 다른 군사력을 전해 듣고 충격을 먹었죠.
吉田 松陰

요시다 쇼인(1830년생)

쇼인은 새 시대의 새로운 지식을 찾아
나가사키를 비롯, 일본 각지를 주유.
나가사키 카스텔라
레시피라든가.

그리고 에도에서 서양 덕후 사쿠마 쇼잔을 만나
크게 눈이 뜨이다.
자네 이름 Show인,
내 이름은 Show잔,
뭔가 보여줄 Show지.
라임
쩐다!

사쿠마 쇼잔(1811년 생)

마쓰시로 번사 사쿠마 쇼잔은 마쓰시로 번주가 막부 로주직을
맡으며 에도에 함께 데려와 막부에 관료로 꽂아준 수재.

이 친구가 진짜,
세상만사 박학다식으로는
마르크스보다 쩔 걸요?
oh!
지진계? 비데?
뭐든 다 만들어드립니다!

쇼잔은 막부의 서양 문물 태스크 포스 동료인
가쓰 가이슈의 여동생과 결혼했는데,

열댓 살 연하
신부 Get~ ㅎㅎ
…사람이
경솔·경박·경파.
허언·허세·허망.

쇼잔에 대한 처남의 평이 그리 좋지는 않다.

1853년, 페리함대의 내항을 목격한 쇼인은 대충격.

(이 시대 사람들의 충격을 현대인의 감각으로 얘기하자면)
블랙홀의 에너지를 동력으로 전환해 사용한다고?!!
저런 걸 만든 미국은 얼마나 현실 SF 신세계일 것인가!
미국에 직접 가보면 진짜 온갖 신문물에 눈이 번쩍 뜨일 것인데!
현지 어학연수로 토익 900도 거뜬할 텐데!

사쿠마 쇼잔의 뽐뿌질에 힘입어 쇼인은 다음해
다시 찾아온 페리함대에 접근, 미국으로 밀항을 시도한다.

This is America!
쇼인~ 잘 가쇼잉~

※ 부추기는 사람 특: 자기는 안 함.

물론 당연히 거절당하고.

아이 완투 투
비 아 파트 오부 잇~
니유 요꾸~ 니유 요꾸~
What?!
THIS IS AMERICA

이후 당국에 자수, 체포.

발음이 구려서
안 통했나…
배우신 분이
쪽팔리게
왜 그러셨대요.

조슈 번의 감옥에 수감되었다가 고향 마을에 근신, 유폐行.

뉴~요꾸~
뉴~요쿠~

명륜관의 수재 교수가 집에 처박혀 있다는 소식에
가르침을 청하는 젊은이들이 우르르 몰려오고.

음?

이에 쇼인은 젊은이들에게 가르침을 베푸는
작은 과외 교실을 자택에 연다.

소나무 아래
시골 교실이니,
쇼카손주쿠라 하자.
松下村塾

양명학을 기본으로, 유교 경전과 국학 고전의
한문 구문 암기가 수업의 메인이었는데-

求之於心
雖其言之出
不敢以爲是也
이건 당연히
다들 지루해했다.
으어~

쇼인의 여동생인 후미 짱이 학생들에게 인기가 좋았는데,

뒤뜰에서 담배 피다 걸리는 인간은
곰방대를 눈구멍에 쑤셔 박아드립니다.
후미짜응!!
밟아줘요!
공지사항
1. ㅅ#금연이라고!
2. 발냄새 금지

쇼인의 수제자인 구사카 겐즈이가 잽싸게 움직여서 결혼함.

용기 있는 자가
미인을 얻기도 하지만
난세에는 화도
얻겠지…
쳇

하여, 쇼카손주쿠에서 가장 인기 있는 부분은
시국좌담 국제 정세 토론회!

자~
뉴~욕에 가고 싶은
사람은 누굴까~
저요!!
저요!!
저요~!!

국제 정세,
정치 이야기 같은 것들은
딱히 학문 레벨 없이도
확확 지르는 인상론으로
누구나 와룡봉추가
될 수 있는 주제 아닙니까요!
방구석 키신저들이야말로
천하지세의 조타수들이죠!

물론 아무리 인상론이라고 해도,
기초적인 레퍼런스는 있어야 하기 때문에

음? 일본판
계약을 했던가?
아편전쟁 후 위원이 쓴
《해국도지》가 젊은 사무라이들의
'먼나라 이웃나라'가 되어줬죠!

문명 대격변의 19세기 중반!
이 나라의 나아갈 길은 어디인가!
2차 산업혁명!
더는 SF 속 이야기가 아닙니다!

작금의 세계는 가히
세계전국의 난세!

世界戰國
중국과 일본의 옛 전국시대가
세계구급으로 확장된 세계관인 것이다!

강대국들은 끊임없이 부와 영토를 탐하며 거대해지고!
약소국들은 순식간에 잡아먹혀 멸망해가는 난세!

저 거대한 중국조차, 서양의 무시무시한
총포 앞에서 쩌리가 되는 꼬라지를 보라!

넌 뭔데
귀엽냐.

히익;;

허무하게 망하지 않으려면
일본도 저들의 테크트리를 모방해
저 총과 대포의 힘을
갖춰야 하지 않겠는가!
누구나 쉽게 만드는 대포! DIY!
음, 일단
제철소가
필요하구나.

그리 군비를 갖춘 연후에, 저들에게 호구잡히지 않는
대등한 개국 협상을 진행하고 경쟁해나갈 수 있을 것이다.

짜잔~

근데, 이놈의 막부는
서양 놈들 헛기침만으로
잽싸게 나라의 문을 열고
이적들을 안으로 들이다니!
이랏샤이~!

이건 뭐, 그냥 스스로 나 잡아드슈,
하고 배 까는 짓거리가 아닌가!

회로 드시면
더 맛있습니다요.

저 도쿠가와 막부는
에도의 안위만을 우선시해
나라를 팔아넘기는 매국노다!

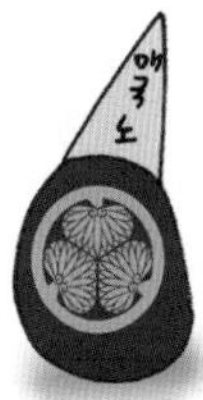
매국노

억울한데…

오우~!
자뽀네즈
카타나~!
트레비앙!

뜻 있는 사무라이라면.

양놈들이 이 나라를 얕잡아보지
못하도록 한 몸 바쳐 양이를
행함이 당연한 일 아니겠는가!

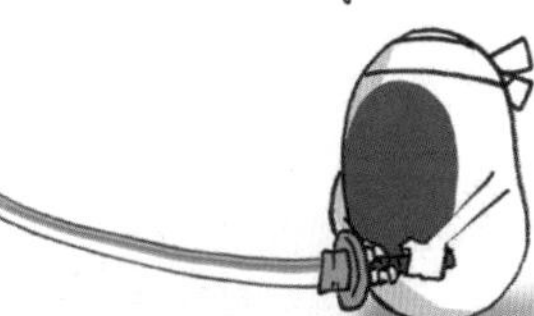

兩E는
EE!
그렇습니다!
양이죠 !
양귀 고홈!

그런데,
사실 서양에 맞서 싸우는 일은
많은 손실을 초래해
나라를 피폐하게 할 것이고,
서양과 교역하는 일도
무역 수지 적자로 나라를
피폐하게 할 텐데,
서양을 물리치고,
서양을 배워 서양과 대등하게 경쟁할
에너지와 자원은 어찌 마련할 수
있겠습니까?

과연,
그것은 어려운 일이다.
천하는 이미 서양 놈들이
구석구석 갈라 먹은 지 오래.
우리 몫이 많이 남아 있지 않아.

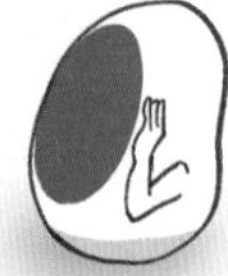

그래도 우리가 득을 취할 수 있는 곳을
침착하게 잘 찾아보자면~

아, 등잔 밑이 어둡다더니만~

바로 옆에 있는 조선과 만주는 가난하지만,
잘 경영하면 득이 없지 않은 땅이다!

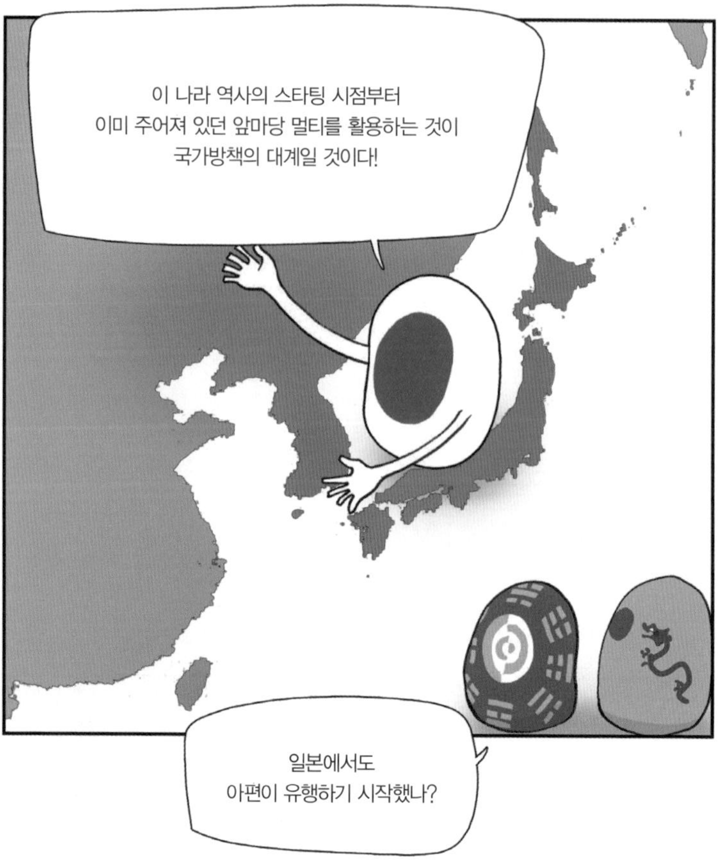

이 나라 역사의 스타팅 시점부터
이미 주어져 있던 앞마당 멀티를 활용하는 것이
국가방책의 대계일 것이다!

일본에서도
아편이 유행하기 시작했나?

정복! 확장!
베란다!
제국주의란
참으로 아드레날린을 부르는
단어군요!

BUT, 일본이 지금 이 국가 체제로
그런 대업을 실행해나갈 수 있을까?

막부가 그리 나라를
이끌 수 있겠냐—
이 말이다.

가자!
땅 먹으러!
어, 막부 혼자 가쇼.
우리 번
몫 안 떼주면 안 감.
전쟁은 사무라이들 놀이지.
어찌 애꿎은 백성을
끌어들이려고.

이런 그림이 나와야 하는데 말이지.

가자! 나라를
위하여!!
포 더 컨추리!
포 더 킹!

지역의 벽도!
신분의 벽도 없는 체제만이
이 나라를 새 시대로 이끌 수 있다!
오오!
신분제 철폐!
국민국가行!!

그것이 바로
일군만민!

一君萬民
한 임금 아래
온 백성이 평등하다!!
쇼군도! 사무라이도!
농민도! 상인도! 연예인도! 갑도! 을도!
모두가 평등한 신민인 것이다!

이것이 바로
존왕양이가 추구하는 극의!
그 이념 운동의 궁극적인 목표!
尊王
攘夷

존왕양이 이념에 시대적 깊이를 더한 요시다 쇼인의 사상.

도막 운동에 나서는 이들의 이론 가운데 하나가 되어준다.

倒幕 ※ 도막: 막부 뒤집어엎기.

일군만민 새 세상을 위해
봉건 계급정권 막부 타파!

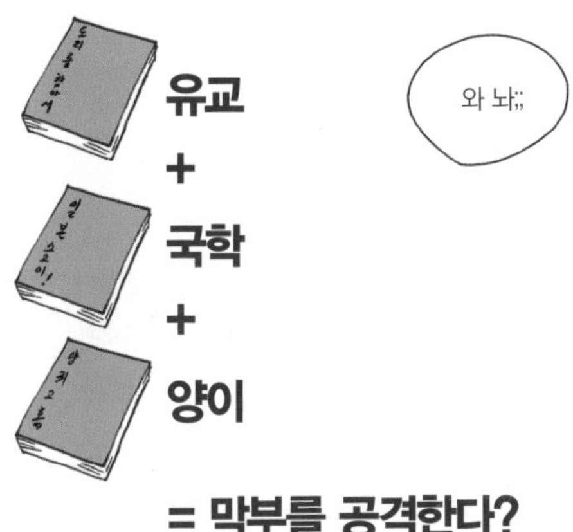
유교
+
국학
+
양이
와 놔;;

= 막부를 공격한다?

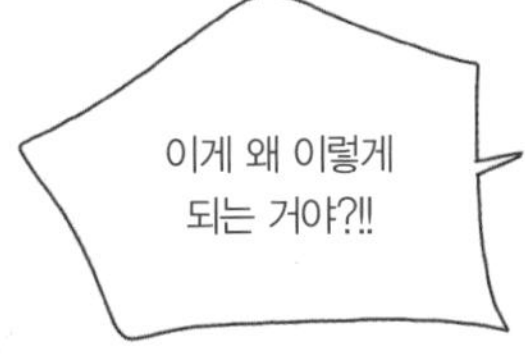
이게 왜 이렇게
되는 거야?!!

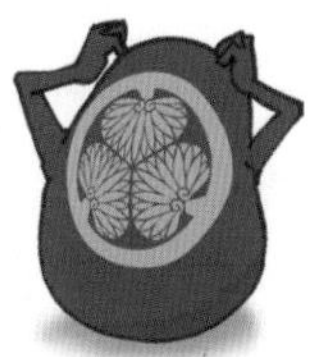

뭐 그리 놀랄 게 있습니까.
저 이념쟁이 놈들이 막부 엎으려는 역적 놈들이라는 거 나님은 애초부터 알고 있었구먼!
어; 그럼 어떻게 하지?
간단하게 걍 싹 다 감옥에 처넣고 유배 보내고 목 날리면 됩니다.
※ 안세이 대옥.

이윽고 안세이 대옥을 맞이해
막부는 막 부셔야죠~
쇼인과 학술 교류가 있던 이념운동가 우메다 운빈-
억, 막부라서 막 부르는 거임? ㅋ

막부에 잡혀가서 처형당하고.

음?
읍;; 읍;

?

1859년,
쇼인도 운빈과의 교류 때문에 구속.

읍; 읍;;;

막부 쪽에서는 단순히 운빈의 평소 언행을
수집하기 위해 쇼인을 잡아들였는데-

사실은 나님이 교토에 온
로주 마나베를 납치하고
요구 불응시 살해하려고
계획했다!!!
잉??

쇼인이 묻지도 않은 로주 암살 계획을 갑자기 실토.

덕분에 암살 모의 죄목으로 처형당한다.
1859년 11월 29일, 향년 29세.

버려진 쇼인의 시신을 쇼카손주쿠의 제자들이 수습, 장례.

센세 목은 뻣뻣해서
칼 안 들어갈 줄
알았는데…

선생님의 남기신 뜻,
저희가 반드시 이어나가겠습니다!

구사카 겐즈이　마에바라 잇세이　다카스기 신사쿠　요시다 도시마로　이리에 구이치　가쓰라 고고로　이토　야마가타

↑ 제자는 아니고 명륜관 후배

그렇게 1859년이 가고,
1860년 새해가 밝아온다.

새해부터는 슬슬
유화정치하면서
부드럽게 가야겠다…

제 18 장

Bye ee

1855년, 페리 2차 내항 때,

페리가 막부에 보낸 선물.

아아, 이것은
리볼버라는 것입니다.

콜트 M1851 리볼버
20정

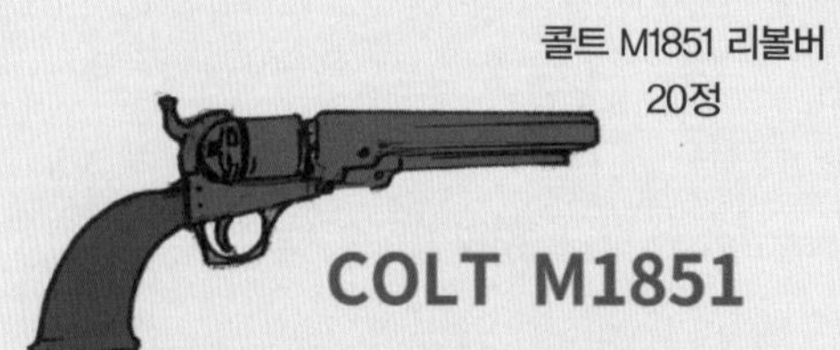
COLT M1851

이 미제 권총들을 막부의
높으신 분들이 나눠 가졌고~

석양이 지는
소리가 들린다!

이 권총을 챙겨 미토 번으로 가져온 나리아키는

번의 기술자들에게 명령.

이거 복제품 좀
만들어봐라.
미국이랑 지적재산권
보호협정 맺기 전에.
헐, 강선 쩐다;;
쇠를 이렇게 깎다니;;

미토 번 기술자들은
복제 권총을
뚝딱뚝딱
만들어 진상.

이제 검도가 아니라
Gun도의 시대다!

그리고 근간,
나리아키 영감이
그 복제품 가운데 한 정을,

미토 번사 아무개에게
하사했다고 하는데,

그는 미토 번에 전달된
조정 밀칙의
막부 제출을 결사 반대하는
과격파 존양지사라고 합니다.

그런 패거리의 손에
최신형 권총이 쥐어졌다는 건
무얼 의미하겠습니까?!

로주 **안도 노부마사** 무쓰 이와키 다이라 번주

음… 에임 연습을
하라고 준 게
아닐까요?
미운 놈을
암살하려는
거죠!!

안세이 대옥으로 존양지사 대량 처형!
미토 번 인사들에 대한 가혹한 처벌!
조정의 밀칙을 내놓으라 겁박하는 패역!
KILL E.E.
반드시
복수하겠다… 큭

나님 죽이고 싶어 하는 사람들
상대로 대기표 발권 장사하면
재벌될 듯요.
아니, 근간 구체적인
모의 정황이
있다니까요!

그 권총을 지닌 미토 번 과격파들이
번청의 소환명령을 거부하고 탈번,
에도로 향하고 있다 합니다!

그래설라무네-
작년 그리 큰일을 치르셨으니,
이쯤에서 휴가 삼아 히코네 번에서
몸을 쉬시며 흉수를 피하는
계책 삼으심이 어떠하실런지오.
흠…

다도에는 일기일회라는 말이 있습니다.
一期一會

지금 이 한 번의 만남이 일생 한 번뿐인 만남인 것처럼 소중히, 정성을 다하라는 말이죠.
자기 자신에게 적용하면 YOLO랑 비슷한 말 아닐까?

지금 나오스케가 일생 단 한 번 역사라는 손님을 만나 대접하고 있는데,
어찌 이 순간을 소중히, 정성을 다하지 않을 수 있겠습니까.
그리고 이리 나랏일을 벌여놓고 일신의 안위를 위해 슬쩍 빠진다면 어찌 세상의 손가락질을 피할 수 있겠습니까.

하면 경호인력이라도
증강하시옵기를-
어차피 죽일 마음이 있다면
천겹의 성벽으로도 막을 수 없는 법.
괜히 경호원 늘려서 목숨을
아낀다는 세상의 비웃음을
사고 싶지 않습니다.

뭐, 올해부터는 슬슬 히토쓰바시파와
화해할 생각도 없지 않으니,
원한의 칼날도 좀 무뎌지지 않을까요.
일단 유화정책을 주장하는
쿠제 공을 다시 입각시키는 쪽으로-
좋은 생각이십니다.

1860년 3월 23일, 에도 교외 시나가와의 여관.

미토 번 과격파와 조력자들이
거사를 앞두고 마지막 모임.

그룹의 리더. 미토 번사 **세키 데쓰노스케**

거사에 앞서
최종 점검한다.

일단, 이 단체 티 맞춘 건
검문에 걸릴 수도 있으니
입고 가지 않는 걸로.
다행이군요.
KILL EE

우리 미토 번사들 외에도
사쓰마 번에서 오신
아리무라 지사에몬 씨도
거사에 함께해주신다.
사쓰마 사투리가
만화에서 표현되지 않아
아쉽네유~
짝짝짝짝

뭐, 이미 알고 계시겠지만,
사쓰마 번도 이번 거사에
협조 의사가 없고,
번 차원에서 뜻을 함께하는 곳은
아무 데도 없어유.
우리뿐이에유.

원래는 막부 수뇌부 로주 그룹 전체를 치려고 했지만
열여덟 명밖에 안 되는 인원으로는 좀 무리인지라,
이이 나오스케 한 명만 잡는 데 전력을 집중합니다.

휴;;

이 열여덟 명의 암살단,
사쿠라다 18 무사
에는 사무라이들 외에
신토 신사의 신관 세 명도 포함.

아, 신관들도
나름 지역 유지에
지식인이니까 말이죠.
남미 해방신학
신부님들 같은 건가.

내일!
열도는 리히터 9.0의
대역사에 전율할 것이다!!

우리의 칼이!!
천하를 베고!
천하를 다시 세운다!!!
천벌!!
천벌!!

다음 날, 3월 24일(음력 3월 3일).
에도성.

삼짇날-히나마쓰리 명절 인사하러 다이묘들이 곧 등성할 텐데,
딸래미도 없는 성에 히나 인형단을 차려놓은 게 좀 쑥쓰럽군요;.
그러니까, 딸이든 아들이든 있으려면 결혼을 빨리하셔야죠. 사쓰마 처자들이 순산형인데-

쇼군 도쿠가와 이에모치

근데, 3월에 이런 폭설이;;
산업혁명으로 석탄 사용이 증가해
지구 온난화를 불러 생긴
기상 이변 아닐까요…
뭔가, 선대 쇼군과 비슷한
가닥이 있으시군요…

뭐 아무튼,
눈이 이리 많이 오니 눈 때문에
길이 막혀 등성하지 못하는
다이묘도 있겠습니다…

에도성 사쿠라다 문
桜田門
다이묘들의
등성 행렬은
에도 시민들의
좋은 구경거리.

사쿠라다 문은
양식상 고려문이라고
불리는데요~

임진왜란 이후 조선 스타일 문을
고려문이라고 부르기도 했는데,
그냥 전통 양식이 아니면
대충 고려문이라고 뭉뚱그린 느낌도.

고려문!
그런갑다…

3월 24일 아침,
사쿠라다 문에서 약 600미터 떨어진 히코네 번저에서
정4위근위권중장 막부 다이로 히코네 번주 이이 나오스케,
60여 명의 행렬로 에도성을 향해 출발.

다이로, Die~!
우우~

그리고 구경꾼들 틈에서 매서운 눈빛들이 빛나고 있다.

한 달 전에 프랑스 공사가
이 길로 등성했지,
아마…

길게 늘어선
행렬 인원 60여 명.

악천후로 뒤쪽에서는
앞쪽 상황이 제대로
파악되지 않는다.

오전 9시. 사쿠라다 문을 얼마 남겨놓지 않은 지점.
누군가가 행렬 앞으로 난입.
다이로 나으리께
직소 드리고자 합니다!
말씀 좀 들어주십시오!

이놈!! 무엄하다!!
썩 꺼지지 못할까!!
…

민원은 에도
콜센터에…?!!
스확

으악!!!

뭔 일이여?!!

앞에 누가
난입했다는데
뭔 소란이냐…

행렬 앞쪽으로 관심이 쏠린 틈을 타,
구로사와 주사부로가
가마로 접근.
타다닥

역적 이이 나오스케!!!
하늘을 대신해 내리는
천벌을 받아라!!!
우왁?!!

TANG

크읍!;;
퍽

총알이 이이의 허벅지와 허리를
뚫고 지나가며 치명상을 입힌다.

동시에 열여덟 명의 자객 전원이 발도, 난입.

천벌을 받아라!!!

으아아아?!;;

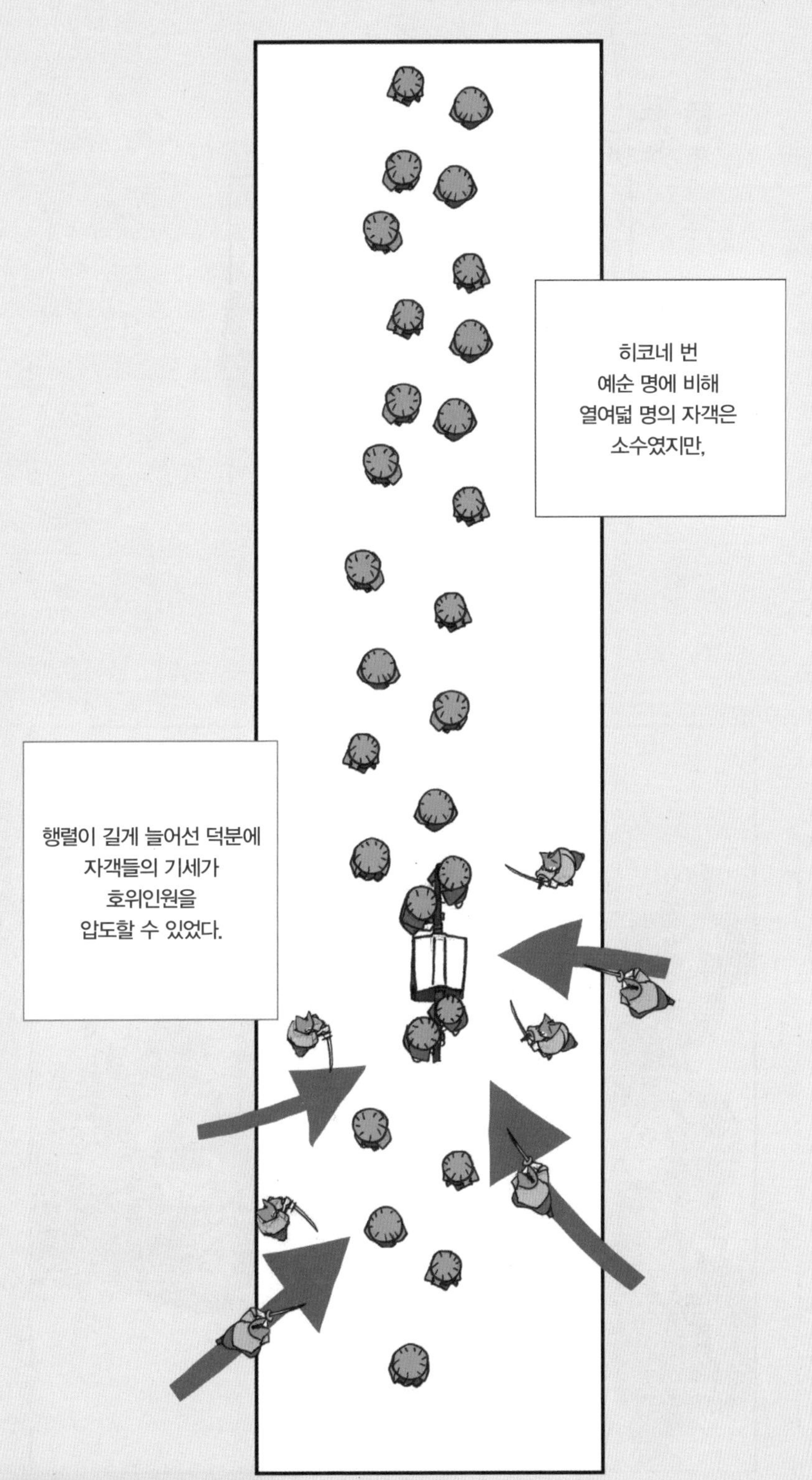
히코네 번
예순 명에 비해
열여덟 명의 자객은
소수였지만,
행렬이 길게 늘어선 덕분에
자객들의 기세가
호위인원을
압도할 수 있었다.

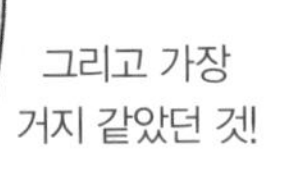
그리고 가장
거지 같았던 것!

으아악!!

악천후에 칼에 습기 차지 말라고
자루에 넣고 끈으로 묶어놓았기 때문에
기습에 대응해 칼을 뽑기가
어려웠던 것이다!!

하여, 자객들은 싸움의 우세를 점하며
호위인원들을 도륙한다.

수치스럽게도 히코네 번사 다수가 도망가고,

자객들은 가마에 접근.

칼을 찔러넣는다.
푹
푹
이런 마술
있지 않았나?

이이 나오스케는 칼을 쥐고 가마 밖으로 나오지만,

크아악!!

이미 치명상을 입은지라
눈 바닥에 주저앉는다.
풀썩

@#%…
이딴 놈들이…
…이 나라를…

1860년 3월 24일,

이이 나오스케, 참수.
(향년 45세)

그 밖에 히코네 번
호위인원 여덟 명 사망.
경호 실패의
책임을 물어
중상자를 제외한
호위인원 생존자
전원 처형.

미토 번 자객들은
이날 중으로 다섯 명 사망.
이후 차례로 검거되어
열한 명 처형.

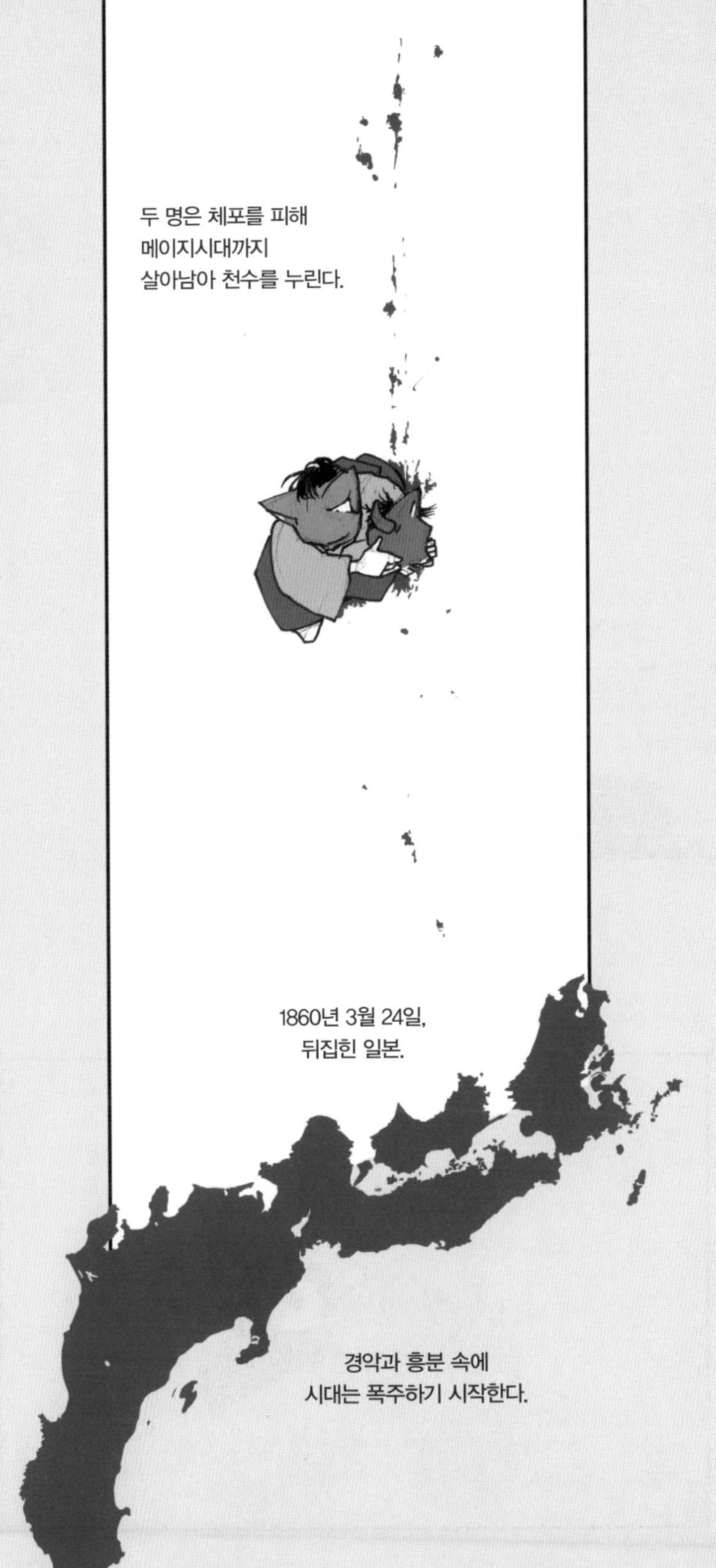
두 명은 체포를 피해
메이지시대까지
살아남아 천수를 누린다.
1860년 3월 24일,
뒤집힌 일본.
경악과 흥분 속에
시대는 폭주하기 시작한다.

일본에 주재하는
서양 외교관들도
당연히 대경악.

대낮에 수도 한복판에서
수십 명이 칼싸움을 벌이고
총리의 목이 잘렸다고?!
호위인원들은
도망간 죄로 처형?!

하지만
지금 저런 슬래셔 무비 보며
팝콘 뜯을 때가 아니야…
저쪽이 진짜
우리 일거리지.

중국에서 제2차 아편전쟁 후반전의 불길이 치솟습니다!!

크아아악!!
Miss me?

굽씨의 오만잡상

콜트 1851 리볼버를 당대의 일본 기술자들이 복제해 만들어낼 수 있었다는 건 꽤나 인상적인 부분이죠. 뭐, 이게 또 근현대 리볼버가 아닌 초기 전장식 리볼버이기 때문에, 당대인의 관점에서 그렇게까지 넘사벽 외계 기술은 아니었을 수 있겠습니다. 아무튼 야금 공학과 정밀 계측 등의 측면에서 1850년대의 일본 기술력 레벨을 가늠해볼 수 있는 사례가 아닐까 합니다.

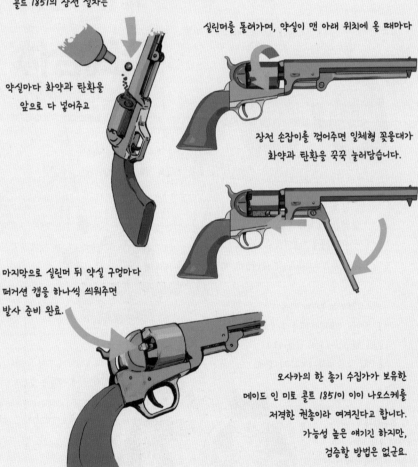

콜트 1851의 장전 절차는

약실마다 화약과 탄환을 앞으로 다 넣어주고

실린더를 돌려가며, 약실이 맨 아래 위치에 올 때마다

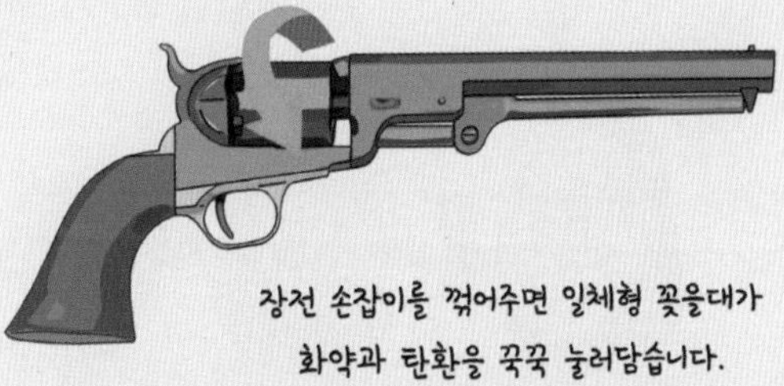

장전 손잡이를 꺾어주면 일체형 꽂을대가 화약과 탄환을 꾹꾹 눌러담습니다.

마지막으로 실린더 뒤 약실 구멍마다 퍼커션 캡을 하나씩 씌워주면 발사 준비 완료.

오사카의 한 총기 수집가가 보유한 메이드 인 미토 콜트 1851이 이이 나오스케를 저격한 권총이라 여겨진다고 합니다. 가능성 높은 얘기긴 하지만, 검증할 방법은 없군요.

사실 막부 말기 모든 소동의 근본적인 원인 중 하나는, 일본을 지배하는 권력과 일본에서 가장 높은 권위가 일치하지 않아 사람들을 헷갈리게 만든다는 것이었습니다.

그렇다면,
너님의 권위와 나님의 권력을
합치면 어떤 논란도 없는
완전체가 되지 않을까?!
읭??!

이 딜레마를 해결하기 위해
조정과 막부를 합치면 된다는 발상이
높으신 분들에게 받아들여집니다.

公武合体

공무합체: 공가와 무가가 합체.

이를 위해 두 집안이 서로
사돈도 맺고 마 다합시다!

황실과 합체한 막부는
압도적인 권위와 통합력으로
새 시대의 일본을 이끌어나갈 것이다!

...

뭐, 그렇게 쇼군가와 황실이
계속 겹사돈 맺으면서 피를 섞다보면
결국 한집안이 되지 않겠어요?
쇼군천황 같은 것도 나오고 그러겠지.

뭐 무엄하게 저런 말까지
입밖에 낸 사람은 없었지만...

무슨 육종개량이냐;;

이 공무합체의 의지는
4권의 중국 얘기 이후
5권에서 계속될 것이다!

주요 사건 및 인물

주요 사건

미·일 통상 조약

1858년 7월 29일, 일본과 미국 사이에 이루어진 통상 조약이다. 미국과 일본이 협의해 관세율을 결정하고, 미국의 영사재판권을 인정하며, 무역에 대해 일본 관원의 간섭을 받지 않고, 미국을 최혜국으로 대우하는 등 불평등 독소조항들을 포함하고 있다. 일본은 이 조약을 바탕으로 이후 다른 서양 열강들과 동일한 내용의 수호통상 조약을 연이어 체결한다.

사쿠라다 문 밖의 변

1860년 3월 24일 미토 번 과격파와 조력자 등 열여덟 명이 에도 성 사쿠라다 문 밖에서 이이 나오스케 행렬을 습격해 암살한 사건이다. 이이 나오스케는 현장에서 참수당하고, 히코네 번 호위인원 여덟 명, 미토 번 자객 다섯 명이 사망한다. 이후 호위 실패의 책임을 물어 살아남은 히코네 번 호위인원 다수가 처형당하고, 자객들은 은신한 두 명을 제외한 전원이 체포되어 처형당한다. 이 사건은 막부의 권위를 실추시키고 존왕양이 운동을 격화시키는 계기가 되었다.

세키가하라전투

1600년 전국의 다이묘들이 동군東軍과 서군西軍으로 나뉘어 벌인 전투다. 흔히 '천하를 판가름하는 전투'라고 불린다. 1603년 세키가하라전투에서 승리한 도쿠가와 이에야스가 쇼군의 지위에 올라 에도막부 정권을 세우고, 천하통일의 기틀을 마련했다. 도쿠가와가는 이 전투를 기점으로 1868년까지 약 250년 동안 일본 천하를 지배한다.

세포이항쟁

1857년부터 1858년까지 인도에서 일어난 민족항쟁이다. '세포이'란 영국 동인도 회사에서 고용한 인도인 용병을 뜻한다. 당시 인도를 지배하고 있던 동인도회사 당국이 인도의 종교와 문화를 무시하면서 항쟁이 촉발되었다. 항쟁을 일으킨 세포이 봉기군은 델리로 진격해 무굴 제국 황제인 바하두르 샤 2세를 옹립하고 무굴 제국을 재건하고자 했으나, 전체 세포이의 절반 이상이 항쟁에 불참하고 다수의 지방 세력이 영국 편에 가담해 결국 영국군에 의해 진압되었다.

안세이 대옥

1858년 에도 막부의 다이로였던 이이 나오스케가 자신의 반대파를 숙청한 사건이다. 숙청당한 자들은 존왕양이를 주장한 이들과 히토쓰바시파 인사 등 100여 명에 달한다. 1859년 11월 29일, 로주 암살을 꾀한 요시다 쇼인을 처형함으로써 안세이 대옥은 막을 내린다.

안세이 에도대지진

1855년 11월 11일 간토 지방 남부에 발생한 진도 7의 대지진이다. 당시에 7천에서 1만여 명이 사망하고, 무너진 가옥이 약 1만 5천 채에 이르는 등 큰 피해를 입었다. 에도성은 지진의 화를 면했으나, 미토 번은 미토 번저가 붕괴하면서 후지타 도코, 도다 주다유 등 핵심 참모 다수가 몰살당하는 피해를 입었다.

크림전쟁

1853년 10월부터 1856년 2월까지 제정 러시아가 흑해의 크림반도로 진출하기 위해 영국과 터키, 프랑스, 사르데냐 연합군과 벌인 전쟁을 말한다. 이 전쟁으로 러시아는 50만이 넘는 사상자를 내고 패배했으며, 프랑스가 13만, 영국이 4만여 명의 사망자를 내는 등 막대한 피해를 입었다.

톈진 조약

1858년 중국 톈진에서 청나라가 영국·프랑스·러시아·미국 네 나라와 맺은 조약을 말한다. 이로써 중국은 베이징에 열강의 공사관을 개설해 외교사절이 상주할 수 있도록 약조하고, 내륙 수로를 개방했으며, 통상·선교의 자유를 보장하고, 열 개 항구를 추가로 개방한다. 하지만 이후 청 조정이 이 조약의 비준을 회피하면서 다시 전쟁이 이어지게 된다.

주요 인물

고메이 천황孝明天皇

일본의 제121대 천황으로, 서양 열강의 개항 요구에도 외래 문물을 배척하고 개국에 반대하는 등 강력한 쇄국과 양이를 주장했다. 열강과의 수교를 수용하려 했던 막부와 달리, 양이를 고집해 1858년 1월 미·일 수호통상 조약의 칙허를 거부하기도 한다. 이러한 그의 행동은 존왕양이파에 큰 힘을 실어주었지만, 사실 고메이 천황 자신은 체제 변혁에 대한 의지가 그리 크지 않았고, 오히려 막부와의 공조를 통한 국론의 통일을 갈망했다.

도쿠가와 이에요시德川家慶

에도 막부 제12대 쇼군이다. 로주인 미즈노 다다쿠니를 앞세워 에도시대 3대 정치개혁 가운데 하나인 '덴포 개혁'을 단행해 막부와 국가의 쇄신을 꾀했으나 결국 실패로 돌아갔다. 서양의 함대들이 잇따라 내항해 통상을 요구하는 등 막부 각료들이 대책을 세우느라 부심하는 가운데 1853년 병사한다.

도쿠가와 이에사다徳川家定

도쿠가와 이에요시가 사망한 후 등극한 제13대 쇼군이다. 페리 제독이 퇴거한 직후, 불안한 상황에 쇼군으로 등극한지라 강력한 리더십을 요구받았으나 심신이 병약해 이에 부응하지 못했다는 평을 받는다. 미·일 화친 조약, 미·일 수호통상 조약의 체결과 막부 내 다이묘들의 갈등, 조정과의 관계까지 복잡하게 얽혀가던 와중에, 이에사다의 후계자 문제를 둘러싸고 히토쓰바시파와 난키파의 갈등이 격화된다.

매슈 페리 Matthew C. Perry

흑선내항의 주역. 미국 해군 제독이다. 1853년과 1854년, 두 차례에 걸쳐 미국 동인도 함대를 이끌고 에도 만에서 무력시위를 벌여 일본의 개국을 이끌어낸다. 미·일 화친 조약을 체결한 이후, 서구 문명의 우월성을 과시하기 위해 일본 측에 전신기와 재봉틀, 미니 기관차, 리볼버 등의 신문물을 선물한다. 이후 7월, 류큐 왕국과도 미·류 수호 조약을 체결한다.

시마즈 나리아키라島津斉彬

시마즈 가문의 제28대 당주이자 1851년부터 1858년까지 사쓰마 번의 제11대 번주로 재임했다. 사쓰마 번의 부국강병을 이끈 인물로 평가받는다. 서양식 조선造船, 반사로 및 용광로 건설, 지뢰, 수뢰, 유리, 가스를 제조하는 등 서양식 공업을 일으켰다. 서양식 군함인 쇼헤이마루를 건조해 막부에 헌상하고, 일장기 사용을 최초로 건의했다고 한다. 히토쓰바시파의 주요 지도자로서 난키파에 대한 반격을 꾀하던 중에 1858년 8월 24일, 콜레라로 사망한다.

아베 마사히로阿部正弘

후쿠야마 번의 제7대 번주다. 도쿠가와 이에요시의 신임을 얻어 1843년 막부 정치를 주관하는 로주 회의의 일원인 로주가 되었고, 1845년 에도 막부의 정치업무를 총괄하는 총리 격인 로주 수좌가 되었다. 이후 1854년에 미국 페리 제독과 미·일 화친 조약을 체결하고 개혁을 추진했다. 1855년, 개국파와 양이파의 갈등 조정에 실패하면서 홋타 마사요시에게 로주 수좌직을 넘긴다.

이와쿠라 도모미岩倉具視

에도시대 말기부터 메이지시대 초기까지 활동한 공가 귀족 정치가다. 정치 경력 초기에는 미·일 조약 칙허 반대 운동을 이끄는 등 반反막부 성향을 보였으나, 이후 조정과 막부의 공조를 꾀하기도 한다. 그러다가 막판에는 막부 토벌의 칙령을 주도하는 등, 능수능란하게 흐름을 만드는 정치를 펼쳐간다. 메이지 신정부가 출범한 후 여러 고위직을 맡으며 정권의 중핵이 되었고, 헌법 제정 방침을 정하는 한편, 천황제와 화족 제도 확립을 위해 노력했다.

이이 나오스케井伊直弼

히코네 번의 제13대 번주다. 1858년에 막부의 정치를 총괄하는 다이로로 취임한다. 당시 천황의 승인을 받지 못해 계류 중이던 미·일 수호통상 조약을 독단적으로 체결한다. 쇼군 후계자 분쟁에서는 난키파에 속해 도쿠가와 요시토미를 쇼군으로 옹립한다. 1858년 안세이 대옥을 통해 반대파에 대한 숙청을 감행한다. 그 과정에서 원한을 산 미토 번 무사들에 의해 1860년 사쿠라다 문 밖에서 암살당한다.

존 만지로ジョン万次郎

미국을 방문한 최초의 일본인 가운데 한 명이다. 도사 번 출신 어부로, 1841년 태평양에서 조난당했다가 미국 포경선에 의해 구출된다. 이후 미국에서 포경선 선원이 된 후, 1849년 캘리포니아 골드러시에도 참여한다. 그렇게 돈을 모은 후, 조난 10년 만인 1851년 일본으로 돌아온다. 비록 어부 출신의 미천한 신분이었지만 영어 능력과 해외 견문을 막부와 번정이 높게 평가해, 통번역과 정책 자문, 각종 강연 등의 활동으로 쓰임받으며 무사 신분도 받는다. 일본에 알파벳 노래인 'ABC노래'를 최초로 소개한 인물로 알려져 있다.

홋타 마사요시堀田正睦

시모사 사쿠라 번의 제5대 번주. 번의 재정 개혁을 성공적으로 이끈 후 막부 정치판에 오르고, 1855년 아베 마사히로의 뒤를 이어 로주 수좌를 맡는다. 적극적인 개항과 통상을 주장하는 개국파로, 미·일 수호통상 조약을 주도적으로 이끌었다. 조약에 대한 조정의 승인을 받기 위해 교토로 상경해 입궐하지만 고메이 천황의 허가를 받지 못하면서 정계에서 물러난다.